A RIQUEZA DE POUCOS BENEFICIA TODOS NÓS?

Obras de Zygmunt Bauman:

- 44 cartas do mundo líquido moderno
- Amor líquido
- Aprendendo a pensar com a sociologia
- A arte da vida
- Babel
- Bauman sobre Bauman
- Capitalismo parasitário
- Cegueira moral
- Comunidade
- Confiança e medo na cidade
- A cultura no mundo líquido moderno
- Danos colaterais
- Em busca da política
- Ensaios sobre o conceito de cultura
- Estado de crise
- Estranhos à nossa porta
- A ética é possível num mundo de consumidores?
- Europa
- Globalização: as consequências humanas
- Identidade
- A individualidade numa época de incertezas
- Isto não é um diário
- Legisladores e intérpretes
- O mal-estar da pós-modernidade
- Medo líquido
- Modernidade e ambivalência
- Modernidade e Holocausto
- Modernidade líquida
- Para que serve a sociologia?
- O retorno do pêndulo
- Retrotopia
- A riqueza de poucos beneficia todos nós?
- Sobre educação e juventude
- A sociedade individualizada
- Tempos líquidos
- Vida a crédito
- Vida em fragmentos
- Vida líquida
- Vida para consumo
- Vidas desperdiçadas
- Vigilância líquida

Zygmunt Bauman

A RIQUEZA DE POUCOS BENEFICIA TODOS NÓS?

Tradução:
Renato Aguiar

Título original:
Does the Richness of the Few Benefit Us All?

Tradução autorizada da primeira edição inglesa,
publicada em 2013 por Polity Press, de Cambridge, Inglaterra,
em conjunto com Gius. Laterza & Figli, de Roma, Itália

Copyright © 2013, Zygmunt Bauman

Copyright da edição em língua portuguesa © 2015:
Jorge Zahar Editor Ltda.
rua Marquês de S. Vicente 99 – 1º | 22451-041 Rio de Janeiro, RJ
tel (21) 2529-4750 | fax (21) 2529-4787
editora@zahar.com.br | www.zahar.com.br

Todos os direitos reservados.
A reprodução não autorizada desta publicação, no todo
ou em parte, constitui violação de direitos autorais. (Lei 9.610/98)

Grafia atualizada respeitando o novo
Acordo Ortográfico da Língua Portuguesa

Preparação: Angela Ramalho Vianna | Revisão: Vania Santiago, Eduardo Monteiro
Capa: Sérgio Campante | Fotos da capa: © Jonathan Kitchen/Getty Images;
© Sean_Warren/iStock; © RyanJLane/iStock; © MassimilianoPhotos/iStock

CIP-Brasil. Catalogação na fonte
Sindicato Nacional dos Editores de Livros, RJ

B341r
Bauman, Zygmunt, 1925-2017
A riqueza de poucos beneficia todos nós?/Zygmunt Bauman; tradução Renato Aguiar. – 1.ed. – Rio de Janeiro: Zahar, 2015.

Tradução de: Does the richness of the few benefit us all?
ISBN 978-85-378-1416-1

1. Sociologia. I. Título.

15-19390
CDD: 305
CDU: 316.7

· Sumário ·

Introdução   9

1. O quanto somos hoje desiguais?   15

2. Por que toleramos a desigualdade?   29

3. Algumas grandes mentiras sobre as quais paira mentira ainda maior   36

4. Palavras contra ações: uma reflexão adicional   94

Notas   100

"Pois àquele que tem, lhe será dado e lhe será dado em abundância, mas ao que não tem, mesmo o que tem lhe será tirado."

Mateus 13.12

"Onde quer que haja grande propriedade, há grande desigualdade. Para um homem muito rico, é preciso que haja pelo menos quinhentos pobres."

Adam Smith

"A disposição para admirar e quase idolatrar os ricos e poderosos – e para desprezar ou pelo menos negligenciar pessoas de condição pobre ou miserável – é a grande causa, e a mais universal, da corrupção dos nossos sentimentos morais."

Adam Smith

"Não descarteis razão
Por diferença; mas valei-vos de vossa razão
Para fazer surgir a verdade onde ela pareça oculta,
E onde esconder o falso pareça verdade."

Shakespeare, *Medida por medida*

· Introdução ·

Um estudo recente do World Institute for Development Economics Research da Universidade das Nações Unidas relata que o 1% mais rico de adultos possuía 40% dos bens globais em 2000, e que os 10% mais ricos respondiam por 85% do total da riqueza do mundo. A metade situada na parte mais baixa da população mundial adulta possuía 1% da riqueza global.[1] Contudo, essa é apenas uma foto instantânea do processo em curso. A cada dia, avultam-se sem parar informações ainda piores para a igualdade humana e *também para a qualidade de vida de todos nós*.

"As desigualdades sociais teriam feito corar de vergonha os inventores do projeto social moderno", concluem Michel Rocard, Dominique Bourg e Floran Augagner em seu artigo, "Human species, endangered", no jornal *Le Monde* de 3 de abril de 2011. Na era do Iluminismo, durante a vida de Francis Bacon, Descartes ou mesmo de Hegel, o padrão de vida em qualquer lugar da Terra nunca era mais que duas vezes superior àquele em vigor na região mais pobre. Hoje, o país mais rico, o Qatar, se vangloria de ter uma renda per capita 428 vezes maior que aquela do país mais pobre, o Zimbábue. E não nos esqueçamos que se trata, aqui, de comparações entre *médias*, por isso mesmo evocativas da jocosa receita de patê de coelho com carne de cavalo: pegue uma lebre e um cavalo...

A obstinada persistência da pobreza no planeta que vive os espasmos de um fundamentalismo do crescimento econômico é bastante para levar as pessoas atentas a fazer uma pausa e refletir sobre as perdas diretas, bem como sobre os efeitos colaterais dessa distribuição da riqueza. O abismo crescente que separa os pobres e os sem perspectiva de abastados, otimistas, autoconfiantes e exuberantes – abismo cuja profundidade já excede a capacidade de todos, exceto dos mais fortes e inescrupulosos arrivistas – é uma razão óbvia para ficarmos gravemente preocupados. Como advertem Rocard e colaboradores, a principal vítima do aprofundamento da desigualdade será a democracia, já que a parafernália cada vez mais escassa, rara e inacessível da sobrevivência e da vida aceitável se torna objeto de rivalidades cruelmente sangrentas (e talvez de guerras) entre os bem-providos e os necessitados e abandonados.

Introdução

Uma das justificativas morais básicas para a economia de livre mercado, isto é, *que a busca de lucro individual também fornece o melhor mecanismo para a busca do bem comum*, se vê assim questionada e quase desmentida. A Organização para Cooperação e Desenvolvimento Econômico (OCDE) se apresenta em seu site na internet como associação de 34 Estados-membros que

> abarcam o globo, da América do Norte e do Sul à Europa e à *região* de Ásia-Pacífico. Entre eles estão muitos dos países mais avançados do mundo, mas também países emergentes como México, Chile e Turquia. Nós também trabalhamos estreitamente com gigantes emergentes como a China, a Índia e o Brasil, e com economias em desenvolvimento na África, Ásia, América Latina e Caribe. Nossa meta continua a ser construir um mundo mais forte, mais limpo e mais justo.

Nas duas décadas que precederam o início da última crise financeira, na grande massa das nações da OCDE, a renda doméstica real dos 10% que estão no topo da escala social cresceu muito mais depressa que a renda dos 10% mais pobres, e a renda real daqueles situados na parte mais baixa da escala na verdade caiu. Por conseguinte, ampliaram-se de maneira radical as disparidades de renda.

"Nos Estados Unidos, a renda média dos 10% no topo da escala é agora catorze vezes maior que a dos 10% na parte mais baixa." É isso que admite Jeremy Warner, diretor assistente do *Daily Telegraph*, um dos jornais com longa história de entusiasmo em relação à habilidade e à eficiência da "mão invisível" dos mercados, na qual editores e assinantes confiaram para resolver tantos (se não mais) problemas quanto os mercados criados. Ele acrescenta:

> Embora obviamente indesejável da perspectiva social, a desigualdade crescente de renda não importaria necessariamente se todos estivessem enriquecendo juntos. Porém, quando a maior parte das recompensas do progresso econômico vai para um número comparativamente menor de pessoas que já recebem rendas altas, o que vem acontecendo na prática, é óbvio que vai haver problema.[2]

Esse reconhecimento, feito com cautela e sem entusiasmo, como parece, e dando impressão de meia verdade, como de fato é, vem na crista de uma maré montante de descobertas de pesquisas e estatísticas oficiais documentando a distância crescente que separa aqueles no alto daqueles que estão na base da hierarquia social. Em oposição dissonante com pronunciamentos políticos destinados a serem reciclados em crença popular – não mais refletidos,

Introdução

questionados nem conferidos –, *a riqueza acumulada no topo da sociedade, ostensivamente, não obteve qualquer "efeito de gotejamento"; nem tornou qualquer um de nós, em qualquer medida, mais rico; nem nos deixou mais seguros e otimistas quanto a nosso futuro e o de nossos filhos; nem tampouco, segundo qualquer parâmetro, mais felizes.*

Na história humana, a desigualdade, com sua propensão lamentavelmente visível à autorreprodução ampliada e acelerada, não chega a ser novidade (conforme atestado pela citação do Evangelho de são Mateus no começo deste livro). Não obstante, a eterna questão da desigualdade, bem como de suas causas e consequências, foi há pouco trazida de volta à pauta do interesse público, o que a tornou tema de um debate apaixonado a partir de processos completamente novos, espetaculares, chocantes e reveladores.

· 1 ·

O quanto somos hoje desiguais?

Permitam-me começar com alguns números ilustrativos da grandiosidade desses novos processos mencionados na Introdução. Entre eles, o mais seminal é a descoberta, ou melhor, a compreensão um tanto atrasada, de que a "grande divisão" nas sociedades norte-americana, britânica e um grande número de outras "se dá agora menos entre a parte mais alta, média e mais baixa da escala do que entre um minúsculo grupo no topo e quase todos os demais".[1]

Por exemplo, "o número de bilionários nos Estados Unidos aumentou quarenta vezes nos últimos 25 anos, até 2007, enquanto o total de riqueza dos quatrocentos americanos mais ricos aumentou de US$ 169 bilhões para US$ 1,5 trilhão". Depois de 2007, durante os anos de colapso do crédito seguidos por depressão econômica e desemprego crescente, a tendência adquiriu ritmo verdadeiramente exponencial: em vez de atingir a todos em igual medida, como era amplamente esperado e retratado, o flagelo se mostrou severa e tenazmente seletivo na distribuição de seus golpes. Em 2011, o número de bilionários nos Estados Unidos alcançou seu recorde histórico até a data, chegando a 1.210, ao passo que sua riqueza combinada cresceu de US$ 3,5 trilhões em 2007 para US$ 4,5 trilhões em 2010.

Em 1990, você precisava de uma fortuna de £ 50 milhões para entrar na lista dos duzentos residentes mais ricos da Grã-Bretanha, compilada anualmente pelo *Sunday Times*. Em 2008, este número tinha aumentado vertiginosamente para 430 milhões de libras, um crescimento de quase nove vezes.[2]

Feitas as contas, "a riqueza combinada das cem pessoas mais ricas do mundo é quase duas vezes maior que aquela dos 2,5 bilhões de mais pobres". Segundo o World Institute for Development Economics, com base em Helsinque, as pessoas na faixa do 1% mais rico da população mundial são quase 2 mil vezes mais ricas que aquelas na faixa dos 50% da faixa inferior da escala.[3]

Tendo recentemente examinado estimativas de desigualdade global, Danilo Zolo concluiu que

> pouquíssimos dados são necessários para confirmar, de maneira drástica, que o sol está no ocaso da "Era dos Direitos"

no período da globalização. A Organização Internacional do Trabalho estima que 3 bilhões de pessoas vivam hoje abaixo da linha de pobreza, estabelecida em US$ 2 por dia.[4]

Assim como destacou Zolo, John Galbraith, no prefácio do *Human Development Report* do Programa de Desenvolvimento Humano das Nações Unidas, em 1998, documentou que 20% da população mundial açambarcavam 86% de todos os bens produzidos no mundo, ao passo que os 20% mais pobres consumiam apenas 1,3%. Hoje, por outro lado, após quase quinze anos, esses números vão de mal a pior: os 20% mais ricos da população mundial consomem 90% dos bens produzidos, enquanto os 20% mais pobres consomem 1%. Estimou-se também que as vinte pessoas mais ricas do mundo têm recursos iguais aos do bilhão de pessoas mais pobres.

Há dez anos, Glenn Firebaugh observou que uma tendência de longa duração na desigualdade mundial mostrava sinais de reversão: de desigualdade crescente entre nações e desigualdade constante ou declinante dentro de cada nação para desigualdade declinante *entre nações* e desigualdade crescente *dentro de cada uma delas*.[5] Enquanto isso, as economias nacionais "em desenvolvimento" ou "emergentes" registraram um influxo maciço de capital em busca de novas "terras virgens", auspiciosas de lucro rápido e povoadas por mão de obra barata e submissa, até então não contaminada pelo bacilo do consumismo e pronta a trabalhar por salários de mera sobrevivência; postos de trabalho desapareceram nas economias "desenvolvidas" em ritmo acelerado, deixando a força de trabalho local ainda em condições de barganha em estado de rápida deterioração.

Dez anos mais tarde, François Bourguignon descobriu que, embora a desigualdade planetária (entre economias nacionais), medida em renda per capita média, continue até aqui a encolher, a distância entre os mais ricos globais e os mais pobres globais continua a crescer, e os diferenciais de renda dentro dos países continuam a se expandir.[6]

Quando Érik Orsenna foi entrevistado por Monique Atlan e Roger-Pol Droit, o economista e romancista ganhador do Prêmio Goncourt resumiu a mensagem transmitida por todos esses números e muitos outros semelhantes. Ele insistiu em que as transformações recentes só beneficiaram uma minoria infinitamente pequena da população mundial; sua escala genuína nos escaparia se continuássemos a confinar nossa análise, como fazíamos apenas há uma década, aos ganhos médios dos 10% situados no alto da escala.[7] Para compreender o mecanismo do presente, uma *mutação* em curso (em oposição à mera "fase num ciclo"), é preciso focalizar no 1% mais rico, talvez mesmo no 0,1%. Deixar de fazê-lo significa perder o verdadeiro impacto da mudança, que consiste na *degradação das "classes médias" à condição de "precariado".*

Essa sugestão é confirmada por todos os estudos, concentrem-se eles no país do próprio pesquisador ou venham de onde quer que seja. Além disso, por outro lado, todos os estudos ainda concordam sobre outro ponto: *em quase toda parte do mundo a desigualdade cresce rapidamente, e isso significa que os ricos, em particular os muito ricos, ficam mais ricos, enquanto os pobres, em particular os muito pobres, ficam mais pobres* – com toda certeza em termos relativos, mas, num número crescente de casos, também em termos absolutos.

Além disso, pessoas que são ricas estão ficando mais ricas apenas porque já são ricas. Pessoas que são pobres estão ficando mais pobres apenas porque já são pobres. Hoje, a desigualdade continua a aprofundar-se *pela ação de sua própria lógica e de seu momentum.* Ela não carece de nenhum auxílio ou estímulo a partir de fora – nenhum incentivo, pressão ou choque. A desigualdade social parece agora estar mais perto que nunca de se transformar no primeiro moto-perpétuo da história – o qual os seres humanos, depois de inumeráveis tentativas fracassadas, afinal conseguiram inventar e pôr em movimento. Entre os novos processos, é o segundo que nos obriga a pensar na desigualdade social a partir de uma perspectiva nova.

A riqueza de poucos beneficia todos nós?

Já há muito tempo, em 1979, um estudo da Universidade Carnegie demonstrou com nitidez o que sugeria o enorme montante de indícios disponíveis na época, e que a experiência da vida comum continuou diariamente a confirmar: o futuro de cada criança era amplamente determinado pelas suas circunstâncias sociais, pelo local geográfico de seu nascimento e o lugar de seus pais na sociedade de seu nascimento – e não por seu próprio cérebro, talento, esforço e dedicação. O filho de um advogado de grande empresa tinha 27 vezes mais chances que o filho de um funcionário subalterno com emprego intermitente (ambos sentados no mesmo banco da mesma sala de aula, com o mesmo bom desempenho, estudando com a mesma dedicação e ostentando o mesmo QI) de receber, aos quarenta anos, um salário que o situasse na faixa dos 10% mais ricos do país; seu colega de classe teria somente uma chance em oito de ganhar uma renda sequer mediana.

Menos de três décadas depois, em 2007, as coisas ficaram muito piores. O fosso tinha se ampliado e aprofundado, tornando-se mais insuperável que nunca. Um estudo do Gabinete do Orçamento do Congresso dos Estados Unidos constatou que a riqueza do 1% mais rico dos americanos totalizava US$ 16,8 trilhões, 2 trilhões a mais que a riqueza combinada dos 90% localizados na parte inferior da população. Segundo o Center for American Progress, durante essas três décadas, a renda média dos 50% na base da escala cresceu 6%, enquanto a renda do 1% no topo cresceu 229%.[8]

Em 1960, a remuneração de um diretor executivo das maiores empresas americanas, descontados os impostos, era doze vezes maior que o salário médio de um trabalhador de fábrica. Em 1974, salário, gratificações e benefícios do diretor executivo tinham aumentado para 35 vezes a remuneração do trabalhador médio da empresa. Em 1980, o diretor executivo médio já estava ganhando 42 vezes mais que o operário comum, dobrando, dez anos depois, para 84 vezes. Então, por volta de 1980, a hiperaceleração da desigualdade alçou voo. Em meados dos anos 1990, segundo a *Business Week*, o fator já era de 135 vezes. Em 1999, havia alcançado quatrocentas vezes, e no ano 2000 saltou para 531.[9] Estes são apenas alguns poucos exemplos dentre uma quantidade crescente de "fatos da vida" semelhantes e de números que tentam captá-los, quantificá-los e medi-los. Pode-se seguir adiante, citando-os infinitamente, pois não há escassez de novos números, cada qual com uma pesquisa que se acrescenta à massa já acumulada.

Quais são, contudo, as realidades sociais que esses números refletem?

É assim que Joseph Stiglitz resume as revelações das duas ou três décadas consecutivas, em tese as mais prósperas na história do capitalismo, que precederam o colapso do crédito em 2007 e a depressão daí decorrente: a desigualdade sempre foi justificada com base no argumento de que aqueles que estão no topo da escala contribuíam mais para a economia, desempenhando o papel de "criadores de emprego". Mas "então vieram 2008 e 2009, e a gente viu esses caras que levaram a economia à beira da ruína pularem fora com centenas de milhões de dólares". Obviamente, dessa vez não foi possível justificar as remunerações em termos da contribuição de seus beneficiários para a sociedade; o que eles deram em contribuição não foram novos empregos, eles aumentaram as filas de "pessoas *redundantes*" (como são alcunhados hoje os desempregados, e não sem sólidos motivos).

Em *The Price of Inequality*, Joseph Stiglitz adverte que os Estados Unidos estão se tornando um país

> no qual os ricos vivem em comunidades muradas, matriculam os filhos em escolas caras e têm acesso a assistência médica de primeira classe. Enquanto isso, os demais vivem num mundo marcado por insegurança, na melhor das hipóteses, por educação medíocre e, de fato, por assistência médica racionada.[10]

Eis um *retrato de dois mundos* com pouca ou nenhuma interface nem pontos de encontro entre si, e, assim, com sua comunicação praticamente rompida. (Nos Estados Unidos, tanto quanto na Grã-Bretanha, famílias começaram a reservar parcela cada vez maior de sua renda para cobrir os custos de viver tanto geográfica quanto socialmente a distância – quanto mais longe melhor – de "outras pessoas", em particular dos pobres.)

Em seu aguçado e brilhante exame do presente estado de desigualdade, Daniel Dorling, professor de geografia humana na Universidade Sheffield, dá carnadura aos ossos do esqueleto da síntese de Stiglitz, ao mesmo tempo que leva a perspectiva de um único país para o âmbito planetário:

> O décimo mais pobre da população mundial passa fome regularmente; o décimo mais rico não é capaz de se lembrar de um tempo de fome na história de sua família. O décimo mais pobre só raramente pode assegurar a mais básica educação para seus filhos; o décimo mais rico se interessa em pagar encargos escolares suficientes para garantir que seus filhos só precisem conviver com "iguais" e com os "melhores", pois passaram a temer que os filhos convivam com outros tipos de criança. O décimo mais pobre vive sempre em lugares onde não há nenhuma assistência social, nenhum benefício empregatício; o décimo mais rico não é capaz sequer de se imaginar tentando viver desses benefícios. O décimo mais pobre só pode garantir trabalho diário na cidade, ou é camponês em áreas rurais; o décimo mais rico não é capaz de

se imaginar sem um salário mensal garantido. Acima deles, a fração de percentagem no topo da escala, os muito ricos, não pode se imaginar sobrevivendo de um salário, em lugar da renda advinda dos juros de sua riqueza.[11]

Ele conclui: "À medida que as pessoas se polarizam geograficamente, elas começam a saber cada vez menos umas das outras e a imaginar cada vez mais."[12]

Ao mesmo tempo, em sua manifestação mais recente, intitulada "Inequality: the real cause of our economic woes", Stewart Lansey concorda com o veredicto de Stiglitz e de Dorling, de que, assistido pelo poder, o dogma que confia aos ricos o crédito de estarem prestando serviço à sociedade ao enriquecer nada mais é que uma mescla de mentira deliberada com cegueira moral urdida:

> Segundo a ortodoxia econômica, uma boa dose de desigualdade leva a economias mais eficientes e crescimento mais rápido. Isso se dá porque retornos mais altos e impostos menores no topo da escala – segundo afirmam – fomentam o empreendedorismo e engendram um bolo econômico maior.
>
> Assim, terá dado certo a experiência de trinta anos de fomento da desigualdade? Os indícios sugerem que não. A disparidade de riqueza atingiu dimensões extraordinárias, mas sem o progresso econômico prometido. Desde 1980, as

taxas de crescimento e de produtividade do Reino Unido têm sido ⅓ menores, e o desemprego, cinco vezes maior que na era mais igualitária do pós-guerra. As três recessões pós-1980 foram mais profundas e duráveis que aquelas dos anos 1950 e 1960, culminando na crise dos últimos quatro anos. O resultado essencial da experiência pós-1980 foi uma economia mais polarizada e mais propensa a crises.[13]

Observando que "fatias salariais declinantes retiram demanda de economias pesadamente dependentes das despesas dos consumidores", de modo que "as sociedades de consumidores perdem a capacidade de consumir", e que "concentrar os lucros do crescimento nas mãos de uma pequena elite financeira global leva a bolhas de ativos", Lansey chega a uma conclusão inevitável: *as duras realidades da desigualdade social são ruins para todos ou quase todos no seio da sociedade.* E ele sugere uma sentença que deveria ter decorrido de tal veredicto: "A lição central desses últimos trinta anos é que um modelo econômico que permite que os membros mais ricos da sociedade acumulem uma fatia cada vez maior do bolo irá finalmente destruir-se. Parece que se trata de uma lição que ainda deve ser aprendida."

Essa é uma lição que precisamos aprender, e é imperativo aprendê-la para não atingirmos o ponto de não retorno, o momento em que o "modelo econômico" corrente, tendo emitido tantas advertências de catástrofe iminente sem todavia captar nossa atenção nem nos incitar à ação, realiza seu potencial "autodestrutivo". Richard Wilkinson e Kate Pickett, autores de um estudo revelador, *The Spirit Level: Why More Equal Societies Almost Always Do Better*,[14] destacam, no prefácio a quatro mãos do livro de Dorling, que é uma completa mentira a crença segundo a qual "pagar imensos salários e bônus" seria correta porque os "raros talentos" beneficiariam o restante da sociedade. Uma mentira que nós engolimos com compostura apenas para aumentar nosso perigo e, em última análise, à custa de nossa autodestruição.

Desde a publicação do estudo de Wilkinson e Kate Pickett, os indícios do impacto prejudicial, e muitas vezes devastador, dos níveis altos e crescentes da desigualdade sobre patologias de coabitação humana, e a gravidade dos problemas sociais, só se consolidaram e seguem se consolidando. A correlação entre altos níveis de desigualdade de renda e volume crescente de patologias sociais está agora amplamente confirmada. Um número cada vez maior de pesquisadores e analistas destaca ainda que, além de seu impacto negativo sobre a qualidade de vida, a desigualdade também tem um efeito adverso sobre o desempenho econômico. Em vez de incrementá-lo, ela o tolhe e sustém.

O quanto somos hoje desiguais?

No estudo já citado, Bourguignon seleciona algumas das causas desse último fenômeno: empreendedores potenciais são privados de acesso a créditos bancários por não disporem das garantias exigidas pelos credores; ou os custos crescentes da educação tiram dos jovens talentosos a chance de adquirir as habilidades de que precisam para desenvolver e aplicar sua capacidade. Ele acrescenta ainda o impacto negativo do acirramento das tensões sociais e do ambiente de insegurança – os custos rapidamente crescentes dos serviços de segurança corroem recursos que podiam ter melhor uso econômico.[15]

Assim, para resumir: haverá verdade naquilo em que tantos de nós acreditamos, a que todos nós somos pressionados e tangidos a acreditar, e que estamos lamentavelmente tentados e inclinados a aceitar? É verdade, em suma, que "a riqueza de poucos beneficia todos nós"? É verdade que toda interferência na desigualdade natural dos seres humanos é prejudicial à saúde e ao vigor da sociedade, bem como a seus potenciais criativos e produtivos, que todos têm o interesse em ampliar e defender até o mais alto nível? É verdade que a diferenciação de posições, capacidades, direitos e recompensas sociais reflete as diferenças de talentos naturais e das contribuições de seus membros para o bem-estar da sociedade?

O resto do argumento tentará mostrar por que essas e outras crenças semelhantes são mentirosas e por que têm pouca ou nenhuma chance de jamais se tornarem verdadeiras e cumprir sua (enganosa) promessa. Ele também tentará descobrir por que, apesar da inverdade cada vez mais evidente dessas crenças, nós continuamos a negligenciar a duplicidade de suas promessas e a não desvendar o verdadeiro caráter da total improbabilidade de que venham a cumpri-las.

· 2 ·

Por que toleramos a desigualdade?

Em seu estudo sobre a desigualdade, suas manifestações e causas, Daniel Dorling destaca enfaticamente que "a desigualdade social dentro dos países ricos persiste por uma crença continuada nos princípios de injustiça, e porque pode ser chocante para as pessoas compreenderem que talvez haja algo de errado com grande parte do tecido ideológico da sociedade em que vivemos".[1] Esses "princípios de injustiça" são premissas tácitas (implícitas) que apoiam e têm a pretensão de "dar sentido" às convicções sonoramente expressas (explícitas), mas que quase nunca são objeto de reflexão ou estão sujeitas a teste. Elas são as crenças sempre presentes, mas poucas vezes enunciadas, *com* as quais nós pensamos, mas *sobre* as quais não refletimos ao formarmos as opiniões que não contam com outras pernas, com esqueleto e carnadura sobre as quais se basear.

Tomemos como exemplo, como fez Dorling, o pronunciamento que fez, em sua visita aos Estados Unidos, em 1970, Margaret Thatcher, reconhecida pela capacidade de capitalizar politicamente os preconceitos populares que ela era singular e infalivelmente capaz de apreender:

> Uma das razões por que valorizamos indivíduos não é porque sejam todos iguais, mas porque são todos diferentes. ... Eu diria: permitamos que nossos filhos cresçam, alguns mais altos que outros, se tiverem neles a capacidade de fazê-lo. Pois devemos construir uma sociedade na qual cada cidadão possa desenvolver plenamente seu potencial, tanto para seu próprio benefício quanto para o da comunidade como um todo.

Observe que a premissa crucial que leva a afirmação de Thatcher a parecer quase evidente em si mesma – a suposição de que a "comunidade como um todo" seria adequadamente servida por todo cidadão dedicado a seu "próprio benefício" – não foi explicitada com clareza, sendo aqui aceita como ponto pacífico. Como observa Dorling, de maneira sarcástica, Thatcher pretende que "a capacidade potencial deva ser tratada como a altura" (isto é, algo que está além do poder da interferência humana); assim como presume, mais uma vez sem provas, que diferentes indivíduos tenham *por natureza* capacidades diversificadas, em vez de possuir distintas capacidades a serem desenvolvidas, porque cabem a cada um diferentes *condições sociais*.

Em outras palavras, Thatcher toma como ponto pacífico, como algo evidente, que nossas diferentes capacidades, assim como nossas diferentes alturas, são determinadas por nascimento, "normalizando" desse modo a implicação de que pouco ou nada há na capacidade humana para mudar esse veredicto do destino. Essa foi uma das razões pelas quais, no fim do século passado, "tornou-se aceita a estranha noção de que, ao agir egoisticamente, de algum modo as pessoas beneficiam as outras".[2]

Contudo, na opinião de Dorling, esse não é o único "princípio de injustiça" que apoia e sustenta a persistência da desigualdade. Ele menciona várias outras convicções tácitas e latentes que – a despeito de traírem toda prova de realidade ou de não terem tido oportunidade de teste crítico – continuam obstinadamente a moldar nossas percepções, atitudes e ações populares. Entre tais "princípios de injustiça", Dorling arrola a crença de que: 1) o elitismo é eficiente (porque o bem da multidão só pode ser aprimorado por meio da promoção de capacidades que, por definição, relativamente poucos possuem de forma exclusiva); 2) a exclusão é tão normal quanto necessária para a saúde da sociedade, ao mesmo tempo que a ganância é boa para a melhoria da vida; 3) a desesperança daí resultante é inevitável e não pode ser contornada. Essa coleção de falsas crenças indica que nossa indigência coletiva e nossa submissão negligente à desigualdade social são contínuas e se autoperpetuam.

> As pessoas têm feito sua própria história há um bom tempo, apesar de repetidamente se lamentarem e se verem em circunstâncias que não são de sua escolha. E as histórias são feitas coletivamente – coletivamente hoje nos fartamos e locupletamos com compras e novelas. A paranoia do status é fortalecida assim como nossa observação das pessoas é feita pela televisão e a internet. Ser ganancioso ou gananciosa nos é oferecido coletivamente pela publicidade, como um engodo para querermos sempre mais.[3]

Para encurtar uma longa história, a maioria de nós, a maior parte do tempo (umas vezes com alegria, outras com ressentimento, xingando e rangendo os dentes), aceita a oferta e se abandona à tarefa vital de fazer o melhor possível. Contudo, será suficiente mudarmos nossa mentalidade para mudarmos nossas maneiras de ser? E mudarmos nossas maneiras de ser será bastante para mudarmos a realidade e as inflexíveis exigências sob as quais agimos?

É verdade, gostemos ou não, que nós pertencemos à espécie do *homo eligens*, o animal *que escolhe*; e que nenhuma quantidade de pressão, por mais coerciva, cruel e indômita, jamais deu resultado nem jamais terá boas perspectivas de eliminar completamente nossas escolhas e, desse modo, de determinar inequívoca e irresistivelmente nossa conduta. Nós não somos bolas de bilhar impelidas sobre uma mesa para onde quer que nos despache o portador do taco. Somos, por assim dizer, *condenados a sermos livres*. Por mais ardentemente que possamos desejar ser libertados dos tormentos da escolha, iremos encarar sempre mais de um caminho para prosseguir.

Há dois fatores amplamente autônomos que, jogando entre si, dão forma às nossas opções, ao nosso modo e à nossa trajetória de vida. Um é o "destino", uma classe de circunstâncias sobre as quais não temos nenhuma influência, coisas que "acontecem conosco", que não são fruto de nossas ações (como o lugar geográfico e a situação social em que nascemos, a época do nosso nascimento). Outro fator é nosso caráter, que, pelo menos em princípio, temos a capacidade de afetar – influenciar, adestrar e cultivar. O "destino" determina a extensão de nossas opções realistas, mas, em última análise, é o nosso caráter que faz as escolhas entre elas.

Claro que a extensão das escolhas "realistas" estabelecidas pelo "destino" difere, muitas vezes de modo agudo, segundo o grau de seu realismo. Algumas opções são (ou pelo menos parecem ser) mais fáceis de escolher e seguir que outras, sendo ou parecendo mais seguras, menos arriscadas e/ou mais atraentes. As chances de que sejam as escolhidas provavelmente serão maiores que as de suas alternativas, em geral escolhas impopulares (e dessa forma percebidas como desaconselháveis), que podem gerar a desconfiança de que exigem mais tempo e esforço mais pesado; de que demandam mais sacrifício; ou de que implicam riscos de condenação pública e perda de prestígio, como frequentemente o fazem.

A distribuição das probabilidades de opções "realistas" a serem escolhidas também pertence, por conseguinte, ao reino do "destino": afinal, vivemos num ambiente social "estruturado", e sua "estruturação" consiste precisamente na manipulação das possibilidades. Consiste em arranjar e rearranjar as atribuições de recompensas e punições, de modo a tornar a probabilidade de algumas escolhas muito maior e de algumas outras muito menor. "Realidade", afinal, é o nome que damos à resistência externa aos nossos próprios desejos. Quanto maior a resistência, mais "reais" os obstáculos parecem.

Quanto mais alto for o custo social de uma escolha, menor será sua probabilidade de ela ser eleita. Os custos de uma recusa a se fazer o que os escolhedores são pressionados a realizar, assim como as recompensas pela obediência ao optar, são sobretudo pagos na preciosa moeda de aceitação, posição e prestígio sociais. Em nossa sociedade, esses custos são arranjados de tal modo que tornam a resistência à desigualdade (pública e também pessoal) extremamente difícil e, portanto, menos provável de ser empreendida e diligenciada que suas alternativas: a submissão plácida e resignada ou a colaboração voluntária. Os dados que nós, estrangeiros naturalizados na sociedade de consumo capitalista individualizada, temos de continuar lançando em todos ou na maioria dos jogos da vida são, na maior parte dos casos, viciados em favor daqueles que se beneficiam ou esperam se beneficiar da desigualdade.

· 3 ·

Algumas grandes mentiras sobre as quais paira mentira ainda maior

John Maxwell Coetzee, incrível filósofo e romancista requintado, assim como registrador infatigável e arguto de pecados, asneiras e inanidades do nosso mundo, observa:

> É forçada a afirmação de que nosso mundo deve ser dividido em entidades econômicas competitivas porque isso é o que sua natureza exige. Economias competitivas surgiram porque nós decidimos dar a elas essa configuração. A competição é um exercício sublimado, voltado para a guerra. A guerra não é um caminho inevitável. Se quisermos guerra, devemos escolher a guerra, mas se quisermos paz, podemos igualmente escolher a paz. Se desejarmos rivalidade, podemos escolher rivalidade. Não obstante, em vez disso, podemos decidir pela cooperação amigável.[1]

O empecilho, contudo, é que, tenha ou não sido moldado pelas decisões de nossos ancestrais, nosso mundo de começo do século XXI não é favorável a uma coexistência pacífica, e muito menos à solidariedade humana e à cooperação amigável. Ele foi moldado de tal forma que torna cooperação e solidariedade não apenas uma escolha impopular, como também difícil e onerosa. Não é de admirar que relativamente poucas pessoas, e em relativamente poucas ocasiões, considerem que esteja em seu poder material e/ou espiritual fazer essa opção e deslindar seu verdadeiro sentido.

A grande maioria das pessoas, por mais que suas crenças e intenções sejam nobres e elevadas, se vê confrontada com realidades hostis, vingativas e acima de tudo indômitas; realidades de cobiça, corrupção, rivalidade e egoísmo onipresentes de todos os lados, e, por isso mesmo, realidades que aconselham e exaltam a desconfiança recíproca e a vigilância perpétua.

As pessoas não podem mudar essas realidades sozinhas, desejar que desapareçam, livrar-se delas com argumentos nem ignorá-las. Por isso, elas ficam com poucas alternativas além de seguir os padrões de comportamento que, conscientemente ou não, por intento ou à revelia, reproduzem o mundo de *bellum omnium contra omnes* ("a guerra de todos contra todos"). É por isso que, com lamentável frequência, nós confundimos essas realidades (realidades não cogitadas, inculcadas ou imaginadas, forçadas com a nossa ajuda a se reproduzir diariamente) com a "natureza das coisas", natureza que nenhuma faculdade humana pode questionar ou reformar.

Para acompanharmos o argumento de Coetzee mais uma vez: "Um ser humano médio" continuará acreditando que o mundo é governado por necessidade, e não por um código moral abstrato. Ele continuará a acreditar naquilo em que esse "ser humano médio" tem (admitamos francamente) razões mais que suficientes para crer: que o que tem de ser deve ser, ponto final. Esse é o mundo em que temos de viver nossas vidas, tendemos nós (acertadamente) a concluir. Para esse tipo de mundo, deduzimos nós (erradamente), não há nem pode haver qualquer alternativa.

Assim, o que são esses "imperativos" ostensivos que nós, o "ser humano médio" (ou simplesmente as "pessoas comuns"), acreditamos estar "na ordem" ou "na natureza" das coisas e fadadas a assim permanecer? Em outras palavras, o que são as premissas tacitamente aceitas, invisivelmente presentes em toda opinião sobre o "estado do mundo"? Premissas às quais nós em geral nos vinculamos e que moldam nossa compreensão (de modo mais correto, nossa *incompreensão*) desse mundo, mas que nós raramente, se tanto, tentamos examinar com seriedade, cujo caráter não compreendemos e que não submetemos ao teste da evidência?

Permitam-me nomear somente algumas dessas falsas crenças, embora talvez aquelas que, mais que todas as demais, têm responsabilidade pelo flagelo da desigualdade social e seu crescimento em aparência incontrolável e metastático. Entretanto, deixem-me adverti-los desde o começo que, sob exame apenas pouco mais rigoroso, todos esses supostos "imperativos" revelarão nada mais que aspectos diversos do statu quo – das coisas como *de fato* se apresentam, mas de modo nenhum como elas *devem* ser naquele momento; e que esses aspectos da delicada situação em que hoje nos encontramos também são por sua vez confirmados por premissas não atestadas, malsãs ou cabalmente enganosas. É verdade que hoje elas são "realidade", no sentido de que reagem de forma inflexível a qualquer tentativa de reformá-las ou substituí-las; mais precisamente, qualquer tentativa que seja e possa vir a ser empreendida com as ferramentas hoje à nossa disposição. (Como dois sociólogos, W.I. Thomas e Florian Znaniecki, perceberam um século atrás: se as pessoas acreditam que uma coisa é verdade, elas a tornam verdadeira pelo seu comportamento.)

Entretanto, de modo algum isso prova que a reforma ou a substituição dos aspectos em questão seja irrealizável – restando *permanentemente* além da capacidade humana. Pode sugerir, no máximo, que os alterar exigiria *mais que uma mera mudança de mentalidade*. Exigiria nada menos que uma mudança muitas vezes drástica, e a princípio dolorosa e desconcertante, do *modo de vida*.

Algumas dessas suposições tácitas, comumente aceitas como "óbvias" (que não necessitam comprovação), aqui selecionadas para exame mais detalhado são as que se seguem.

1. O *crescimento econômico* é a única maneira de lidar com os desafios e de algum modo resolver todos e quaisquer problemas que a coabitação humana necessariamente gere.
2. O *aumento permanente do consumo*, ou a rotatividade acelerada de novos objetos de consumo, talvez seja a única ou pelo menos a principal e mais efetiva maneira de satisfazer a busca humana de felicidade.
3. A *desigualdade entre os homens é natural*; assim, ajustar as oportunidades de vida humana à sua inevitabilidade beneficia todos nós, enquanto adulterar seus preceitos prejudica todos.
4. A *rivalidade* (com os seus dois lados, a eminência do notável e a exclusão/degradação do desprezível) é, simultaneamente, uma condição necessária e suficiente para a justiça social assim como para a reprodução da ordem social.

Crescimento econômico

"É a economia, estúpido!" Esta é uma frase criada por James Carville, um dos estrategistas da campanha presidencial de

Bill Clinton contra George H.W. Bush em 1992. Desde a sua cunhagem, a frase teve uma carreira espetacular no vocabulário político mundial. Hoje está firmemente instalada na linguagem dos políticos, bem como na doxa (isto é, no conjunto de crenças usado rotineiramente pelo público leigo para pensar, mas poucas vezes, se tanto, objeto de reflexão e muito menos examinada e testada). Ela desponta de modo reiterado no discurso de políticos e nas conferências de imprensa de assessores de comunicação durante sucessivas campanhas eleitorais; se necessário fosse, também fora destas ou de outras ocasiões.

A frase supõe como fato evidente da vida, provado pela experiência comum, além de qualquer dúvida razoável, que sentimentos, simpatias ou antipatias do público, sua disposição de dar ou negar apoio a adversários engajados em batalhas eleitorais e a inclinação dos eleitores para reconhecer seus interesses em programas eleitorais e slogans são inteiramente ou quase inteiramente determinados pelos meandros do "crescimento econômico". Ela supõe que, quaisquer preferências e valores outros que os eleitores possam ter, é a presença ou ausência de "crescimento econômico" que tende a orientar suas escolhas, mais que qualquer outra consideração. Daí decorre que números supostamente criados como medida de crescimento econômico são os indicadores mais confiáveis das chances eleitorais dos rivais na disputa pelos corredores do poder. A mesma expectativa muitas vezes é expressa por outra frase popular, "Vote com sua carteira" – uma disposição humana natural que, segundo o *Longman Dictionary*, significa "votar em alguém ou algo que você julga que irá ajudá-lo a obter mais dinheiro".

Talvez seja esse o caso, dada nossa convicção há pouco disseminada e hoje estabelecida com firmeza de que as chances de uma vida decente, satisfatória e digna – em suma, de uma vida que valha a pena ser vivida – é medida ostensivamente pelos números oficiais do "crescimento econômico". O problema, contudo, é que essa convicção não é inata nem de qualquer modo "natural" para os seres humanos. Ao contrário, sua origem é relativamente recente.

As mais formidáveis inteligências entre os pioneiros da ciência econômica moderna consideravam o "crescimento econômico" uma inconveniência lamentável, e não uma bênção; embora, felizmente, fonte temporária e eminentemente transitória causada por suprimento *até então insuficiente* de bens para satisfazer a soma total das necessidades humanas. A maioria desses pioneiros acreditava que essa soma podia ser calculada, e que, quando a capacidade produtiva se equiparasse a ela, se instauraria uma economia "estável" ou "constante", mais aparentada ou amigável com a disposição natural do ser humano.

John Stuart Mill, um pioneiro do pensamento econômico moderno e um dos mais talentosos filósofos e estudiosos do século XIX,² antecipou, por exemplo, a transição inevitável, na verdade trivial, do crescimento econômico para um "estado estacionário". Em seu *magnum opus Princípios da economia política*, ele escreveu, como todos podem ler na edição corrente da Wikipédia, que "o aumento da riqueza não é ilimitado. O fim do crescimento leva a um estado estacionário. O estado estacionário do capital e da riqueza ... seria um aperfeiçoamento muito considerável de nossa presente condição". E:

> Uma condição estacionária do capital e da população não implica um estado estacionário do aperfeiçoamento humano. Haveria o mesmo campo de sempre para todos os tipos de cultura intelectual, de progresso moral e social; o mesmo espaço para aprimorar a arte de viver, e muito mais probabilidade de este aprimoramento ocorrer quando as mentes deixassem de ser absorvidas pela arte de ganhar a vida.³

Embora já bem adentrado no último século, também conforme podemos ler na Wikipédia, John Maynard Keynes, um dos economistas mais influentes do século XX,⁴ ainda esperava chegar o inevitável dia em que a sociedade poderia se concentrar nos *fins* (felicidade e bem-estar, por exemplo) e não nos *meios* (crescimento econômico e busca individual do lucro), como até então. Ele escreveu que "a avareza é um vício, a prática da usura é um delito e o amor pelo dinheiro é detestável. ... Nós deveríamos valorizar mais os fins que os meios e preferir o bem ao útil".[5] E insistiu:

> Não está longe o dia em que o problema econômico ocupará o banco traseiro que lhe cabe, e a arena do coração e da cabeça será ocupada ou reocupada por nossos problemas reais – os problemas da vida e das relações humanas, da criação, do comportamento e da religião.[6]

Em outras palavras, ele fala de problemas que não são "reais", mas imensamente mais nobres e atraentes que as necessidades de "mera sobrevivência", no comando das preocupações econômicas até então, ou que as tentações de grandeza que esperam suplantá-las; problemas que, quando afinal energicamente confrontados, abrirão caminho a *um modo de vida humano e uma coabitação humana genuinamente salutares*.

Mais de sessenta anos se passaram da não refreada busca capitalista de riqueza pela riqueza, empenho durante o qual a visão da riqueza pública como ferramenta para construir uma sociedade favorável a demandas diversas e multifacetadas de uma boa vida humana, digna de ser vivida, foi descartada e desprezada. Hoje, Robert e Edward Skidelsky publicaram um estudo com o sugestivo nome de *How Much is Enough? Money and the Good Life*.[7] A síntese que Michael O'Leary faz em seu ensaio revelador "Drowned by the rising tides"[8] conclui que "o mito de que maré montante levanta todos os barcos não engana mais ninguém hoje". Observação algo prematura, infelizmente, pois o engodo em questão parece continuar em operação e em pleno vigor, contra a expectativa dos autores em relação a um eventual efeito de atenuação dos mais recentes e perturbadores indícios de que a desigualdade global está aumentando numa velocidade sem precedentes.

A edição de 2012 do Relatório Anual da OCDE, "Going for growth", sugere, na opinião de O'Leary, que "os pobres é que ficam com a culpa, mas os ricos ficam com os prazeres", nas interpretações oficiais das raízes dos problemas presentes. Enquanto isso, John Evans, secretário-geral do Union Advisory Committee, da mesma instituição, comenta:

> "Going for growth" não logra tirar lições da crise e continua a pressionar pela desregulamentação dos mercados de trabalho. Políticas que contribuem para a crise em curso são apresentadas como soluções. É particularmente preocupante que a OCDE recomende a redução da proteção para os trabalhadores numa hora em que necessitamos de maior confiança.

A "mão invisível do mercado", com fantasiosa reputação de atuar em favor do bem-estar universal – a mão que a política de Estado de desregulamentação pretende libertar das algemas legais antes projetadas para limitar sua liberdade de movimento –, pode efetivamente ser invisível, mas há pouca dúvida quanto a saber a quem ela pertence e quem dirige os seus movimentos. A "desregulamentação" de bancos e do movimento de capital permite aos ricos deslocarem-se livremente, buscar e encontrar os melhores e mais lucrativos terrenos para exploração e, assim, ficarem mais ricos; enquanto isso, a "desregulamentação" dos mercados de trabalho torna os pobres incapazes de acompanhar essas façanhas, isso para não falar em deter ou diminuir o ritmo das peregrinações dos proprietários de capital (agora chamados "investidores", no linguajar das bolsas de valores), situação que necessariamente torna os pobres mais pobres.

Além do estrago feito em seu nível de renda, suas chances de emprego e de um salário que assegure condições dignas de subsistência hoje estão expostas aos caprichos do capital em busca de riqueza; à perspectiva de competição acirrada que os torna cronicamente precários e os transforma em causa de intenso desconforto espiritual, preocupação permanente e infelicidade crônica – aflições que não vão desaparecer nem parar de atormentá-los nos períodos (breves) de relativa segurança.

Os efeitos endemicamente distributivos da "política de desregulamentação" estão entre os mais bem guardados segredos oficiais. Em documentos escritos oficialmente para consumo público, a desregulamentação é apresentada como a estrada régia para o bem-estar de todos, enquanto as estatísticas do Produto Interno Bruto (PIB), que medem ostensivamente os altos e baixos da "riqueza total" da nação e identificadas com o bem-estar da nação, mantêm silêncio sobre o modo como a riqueza é distribuída. Elas a ocultam em vez de revelá-la. É muito importante observar, em específico, a verdade que essas estatísticas não deixam vir à tona: o *aumento da "riqueza total" caminha com um aprofundamento da desigualdade social*, ao mesmo tempo que amplia ainda mais o fosso entre a segurança existencial e o bem-estar geral do topo e da base da pirâmide social. E lembremo-nos de que a parte mais elevada dessa pirâmide fica menor a cada ano, ao passo que o restante dela, em todas as faixas até a base, se expande de forma incessante.

Quase todo aumento do PIB alcançado nos Estados Unidos desde o colapso do crédito em 2007, isto é, mais de 90%, foi apropriado pelo 1% mais rico dos americanos. O alargamento do fosso e o encolhimento da turma de multimilionários que se apropria da parte do leão do "crescimento econômico" prosseguem incontidos e a um ritmo em constante aceleração, como há pouco calculou Julia Kollewe.

Apenas dez entre os mais ricos do mundo acumulam hoje US$ 2,7 trilhões, aproximadamente o tamanho da economia francesa, a quinta maior do mundo.[9] Um deles, Amancio Ortega, fundador do Inditex, dono de 1.600 lojas Zara, acrescentou US$ 18 bilhões à sua riqueza em apenas doze meses desde outubro de 2011, o que representa cerca de US$ 66 milhões por dia. Segundo dados oficialmente endossados pela High Pay Commission na Grã-Bretanha, os vencimentos anuais dos dez mais altos executivos do país cresceram quarenta vezes nos últimos treze anos, ao passo que os salários médios da nação apenas triplicaram de valor, tendo agora parado de crescer no patamar de £ 25.900.

Na opinião de Deborah Hargreaves, presidente da comissão:

> Há uma crise na elite do mundo dos negócios britânico, e ela é altamente corrosiva para a nossa economia. Quando o pagamento de executivos seniores é decidido atrás de portas fechadas, não reflete o sucesso da empresa e abastece a desigualdade maciça, isso representa a existência de um profundo mal-estar no alto escalão da nossa sociedade.

Há um fabuloso crescimento econômico das fortunas da parcela de 1% dos mais ricos, para piorar o que já é péssimo, "num período de austeridade sem paralelo" para a maioria dos 99% remanescentes. Essas comparações refletem a desigualdade progressiva entre as populações confinadas em Estados-nação isolados. Quanto à divisão global da desigualdade, a professora Anja Weiss, da Universidade de Duisburg-Essen, cotejando e extrapolando tendências correntes, deduz perspectiva muito parecida, se não mais sombria e desconcertante, na verdade, hedionda:

> Um retrato realista da futura desigualdade global é inflexível. Se as coisas permanecerem como estão, há pouco incentivo para, ou chance de, mudança. ... Numa visão realista, é provável que as desigualdades permaneçam e que o sistema de Estado-nação continue a legitimá-las.[10]

O quadro geral deixa pouco ou nenhum espaço a dúvida: como hoje se apresentam as coisas, o crescimento econômico (tal como descrito nas estatísticas do PIB e identificado com montantes crescentes de dinheiro mudando de mãos) não pressagia, para a maioria de nós, a chegada de um futuro melhor. Em vez disso, prognostica que um número já esmagador e rapidamente crescente de pessoas se tornará ainda mais profundo e severamente desigual, com condições ainda mais precárias; e prevê, assim, também mais degradação, tristeza, afronta e humilhação – uma luta ainda mais dura pela sobrevivência social.

O enriquecimento dos ricos não promove um "efeito de gotejamento" nem para aqueles situados em sua vizinhança mais próxima nas hierarquias de riqueza e renda – sem falar daqueles que estão mais distantes, escada abaixo. A conhecida, embora cada vez mais ilusória, "escada" de mobilidade ascendente está se transformando cada vez mais numa pilha de grades impermeáveis e barreiras intransponíveis. *"O crescimento econômico" sinaliza opulência crescente para poucos, mas também uma queda abrupta na posição social e na autoestima de uma massa incontável de outros.* Em vez de passar no teste de uma solução universal para nossos problemas mais ubíquos, desabridos e angustiantes, o "crescimento econômico", tal como o conhecemos a partir de nossa experiência coletiva cada vez mais insalubre, parece ser a causa principal da persistência e do agravamento desses problemas.

Não obstante... Os fabulosos salários, bônus e benefícios adicionais recebidos pelos "funcionários executivos" das grandes corporações continuam, com lamentável frequência, a ser justificados em termos da conhecida "teoria do gotejamento": a pretensão de que empresários bem-sucedidos como Steve Jobs ou Richard Branson criarão empresas de sucesso e, por conseguinte, mais empregos; e de que, sendo poucas e esparsas as pessoas com talentos tão ímpares, os conselhos das grandes companhias precisam oferecer salários de ponta a funcionários de ponta, a fim de prestar bons serviços à nação (bom, a seus acionistas, em primeiro e último lugar). Se assim não fosse, os "criadores de riquezas" levariam seu talento para outro lugar, em detrimento de todos aqueles que poderiam ter se beneficiado do bom desempenho (leia-se, lucros em termos de royalties) da companhia. Indivíduos como Steve Jobs ou Richard Branson sem dúvida são poucos e surgem raramente. Mas o mesmo não se pode dizer sobre os fabulosos salários com que as pessoas admitidas no círculo mágico dos grandes peixes das supercompanhias passaram a contar, tenham elas levado as empresas que dirigem a uma série de vitórias ou à catástrofe.

Os celebrados nomes que pululam toda vez que ouvimos argumentos em prol da "teoria do gotejamento" funcionam como folhas de figueira para encobrir a política tácita e não escrita de insegurança coletiva, a qual a elite dos super-ricos conseguiu garantir para seu benefício, qualquer que seja seu desempenho.

Para todos os fins e propósitos práticos, essa política desvincula seu direito à riqueza de qualquer benefício que eles possam gerar ou não para aqueles cujo bem-estar supostamente devem promover – em vez de induzir, aumentar e menos ainda garantir um aumento da produção da riqueza pública. O propósito genuíno da política é *garantir privilégios*, não os atrelar à utilidade pública. Seu efeito é a isenção, de um estreito grupo de bem-remunerados no topo da escala, de qualquer calamidade que suas atividades possam ter infligido a todos aqueles cujos meios de vida eles expuseram aos caprichos do destino.

O que está em jogo aqui não é a *produção* de riqueza, mas sua *distribuição*; ou, mais precisamente, a entrega do monopólio das altas remunerações aos diretores executivos, independentemente e sem ligação com a qualidade dos desempenhos que essas remunerações em teoria deveriam recompensar. No caso de as apostas dos diretores executivos na bolsa serem mal calculadas, aqueles cujos empregos eles supostamente deveriam assegurar se tornam redundantes, perdem seu sustento e têm negadas condições dignas de subsistência – o diretor executivo, contudo, pode olhar com alegria para seu "paraquedas de ouro" garantido por contrato, seus polpudos acordos rescisórios.

Segundo um resumo que a Wikipédia faz dessa prática:

> "Paraquedas de ouro" só são oferecidos a executivos de alto escalão por corporações de maior importância e podem envolver valores medidos em milhões de dólares. Paraquedas de ouro são oferecidos para compensar o risco inerente à busca de uma nova colocação, visto que há alta probabilidade de os executivos serem demitidos e que uma empresa que necessite gente de fora para assumir posição de tão alto nível talvez esteja em situação financeira precária. Seu uso gerou alguma preocupação entre os investidores, uma vez que não se especifica que o executivo deve ter bom desempenho. Em alguns casos de alta visibilidade,

executivos venderam suas opções de compra, ao passo que, sob sua administração, suas empresas perderam milhões de dólares e milhares de trabalhadores foram demitidos. Paraquedas de ouro podem criar incentivos perversos para os diretores executivos facilitarem a venda das companhias que estão administrando mediante redução artificial do preço de suas ações.

A seguir, alguns exemplos recentes, escolhidos aleatoriamente, dessa prática hoje universal:

Ao deixar uma empresa, os executivos abastados tendem a receber pacotes indenizatórios no valor de milhões. Em muitos casos, os pacotes são pagáveis independentemente de a empresa ter alcançado ou não seus objetivos financeiros, ou mesmo que ela não tenha sido lucrativa. Por exemplo, o pacote indenizatório concedido a Michael Ovitz, ex-presidente da Walt Disney Co., totalizava mais de US$ 140 milhões, o que representava cerca de 10% da renda total anual da Disney. Ou considere o pacote de US$ 40 milhões que a diretora executiva Jill Barad recebeu da Mattel Inc. Ela foi demitida porque as ações da empresa caíram mais que 50%.[11]

Revelou-se ontem que sir Lan Blair está prestes a receber um espantoso pagamento de £ 1 milhão, após ter sido afastado da chefia da Scotland Yard. A gratificação do comissário da Polícia Metropolitana por seu canhestro reinado é um paraquedas de ouro de cerca de £ 295 mil – o restante do salário que receberia caso ele tivesse cumprido seu contrato de cinco anos. Ele também teria direito a £ 100 mil a mais por ter sido chefe da Força Metropolitana até fevereiro de 2010, quando seu afastamento foi originalmente programado, e pelas custas judiciais. Além disso, a título de pensão, sir Lan receberá um pagamento de £ 672 mil e uma renda indexada de £ 126 mil por ano. O acordo foi descrito por um membro do Parlamento como "absurdo", e por outro como "escárnio". Os três anos e meio de sir Lan em seu posto foram marcados por dúvidas acerca de seu discernimento, suas credenciais como líder e o estilo de policiamento politicamente correto. Ele foi forçado a se afastar no mês passado, poucas horas depois de enfrentar novas acusações moralmente comprometedoras, relativas a contratos da polícia com um amigo íntimo seu.[12]

Permitam-me acrescentar que, contrariamente às garantias expressas por inúmeros economistas influentes, até o ganhador do Prêmio Nobel de 1995, Robert Lucas (que em 2003, apenas alguns anos antes do colapso espetacular da economia conduzida por bancos e empresas de crédito, anunciou que a desregulamentação dos mercados financeiros era "a solução, para todos os fins práticos", do "problema central de prevenir a depressão"), os ganhos exorbitantes dos já ricos, em vez de serem reinvestidos na "economia real" (isto é, na parte da economia movida pela produção e distribuição de bens que sirvam à vida), foram usados para realocar quantidades nominais de dinheiro dentro do círculo mágico dos muito ricos desinteressados por e despreocupados com os serviços para a "economia real". Nas palavras de Stewart Lansey:

> A teoria econômica moderna prediz que os mercados funcionam de modo a beneficiar a economia mais ampla. Não obstante, foram incentivos perversos que levaram ao problema dos bancos que injetaram suprimentos incontrolados de crédito na economia global. Isso enriqueceu uma geração de financistas, mas apenas pela expansão de atividades que sufocavam a "economia real". ... O dinheiro fluía em aquisições de fundos de *private equity*, de propriedade e uma variedade de formas de atividade especulativa e de engenharia financeira e industrial que levou à acumulação de fortunas – mas sobretudo por meio da transferência de riqueza existente, e não da criação de novas riquezas, negócios e empregos.[13]

De tudo isso só se pode tirar uma conclusão: "A desregulamentação e a 'desmutualização' (das instituições financeiras e creditícias) se revelaram outra boca para a elite da indústria financeira, produzindo remunerações, comissões e bônus mais elevados."[14] Ao mesmo tempo, enxugaram ainda mais os ativos já escassos dos milhões de "beneficiários de crédito" que vivem e trabalham na "economia real", e que dependem de booms e falências para seu sustento.

Consumo crescente

"O objetivo último da tecnologia, o télos da *techne*", sugeriu Jonathan Franzen num discurso de formatura pronunciado em 21 de maio de 2011, na Kenyon College, "é substituir um mundo natural indiferente aos nossos desejos – um mundo de furacões, carências e corações partidos, um mundo de resistência – por um mundo que responda aos nossos desejos, que seja efetivamente a mera extensão do eu." O negócio é conforto e conveniência, seu idiota – eis o que sugeria o discurso. Um conforto sem empenho e uma confortável ausência de esforço.

Tornar o mundo obediente e maleável aos nossos caprichos e fantasias; extirpar do mundo tudo que se coloque, obstinada e belicosamente, entre vontade e realidade. Correção: como o que chamamos de "realidade" é o que resiste à vontade humana, trata-se de destruir a realidade.

Viver num mundo feito somente daquilo de que a gente necessita e que deseja. Dos meus, dos seus, dos nossos – os compradores, consumidores, usuários e beneficiários da tecnologia – desejos e necessidades.

Um desejo que todos nós compartilhamos e sentimos de maneira especialmente forte e apaixonada é o desejo de amar e ser amado. O discurso de Franzen prossegue:

> Como nosso mercado descobre e responde ao que o consumidor mais quer, nossa tecnologia tornou-se extremamente competente em criar produtos que correspondam à nossa fantasia ideal de relacionamento erótico, aquele no qual o objeto amado nada pede e tudo dá, de forma instantânea; faz com que nos sintamos poderosos; não dá terríveis ataques quando é substituído por um objeto ainda mais estimulante, enquanto ele é jogado numa gaveta.

Ou quando é atirado à lixeira e ao aterro sanitário sem fundo do esquecimento, permitam-me acrescentar. Cada vez mais, produtos comercializados da tecnologia, como dispositivos eletrônicos postos em ação por um mero comando de voz ou permitindo que imagens se ampliem pelo mero deslizar de dois dedos, encarnam tudo com que sempre sonhamos; tudo que os objetos amados deveriam oferecer, mas que raramente, se tanto, conseguimos adquirir –

com a qualidade acrescida inestimável de nunca exceder o período em que são bem-vindos e de nunca forçar seu regresso, uma vez dispensados.

Bugigangas eletrônicas não se limitam a fornecer amor. Elas são projetadas para serem amadas, da mesma maneira como isso é proposto a todos os demais objetos de amor, mas raramente amam. Bugigangas eletrônicas são os objetos de amor mais salutares, estabelecendo padrões e modelos para entrar e sair dos casos amorosos, que só podem ser ignorados pelos demais objetos de amor, eletrônicos ou carnais, inanimados ou animados, sob risco de serem desqualificados e rejeitados.

À diferença do caso das bugigangas eletrônicas, contudo, o amor de um ser humano *por um ser humano* significa compromisso, aceitação de riscos, presteza para o autossacrifício; representa escolher um caminho incerto e não mapeado, árduo e acidentado, à espera de – e determinado a – partilhar a vida do outro. O amor pode ou não caminhar com a felicidade serena, mas quase nunca caminha com o conforto e a conveniência; ele jamais espera isso com confiança e menos ainda com certeza. Ao contrário, exige uma extensão máxima das habilidades e da vontade da pessoa, e mesmo nesses casos prognostica possibilidades de fracasso, de desmascaramento da nossa inadequação e de dano à nossa autoestima.

Os produtos higienizados, envernizados, sem espinhos e livres de risco da eletrônica são tudo, menos amor. O que a eletrônica oferece é uma segurança contra "a sujeira" que, como Franzen observou corretamente, "o amor inevitavelmente respinga sobre o terror de nosso amor-próprio". Em última análise, a versão eletronicamente preparada do amor nada tem a ver com amor. Produtos da tecnologia do consumidor pescam seus clientes com a isca de satisfazer seu narcisismo. Eles prometem nos refletir bem – o que quer que aconteça e o que quer que façamos ou desistamos de fazer.

Como Franzen apontou, "nós estrelamos nossos próprios filmes, nós nos fotografamos sem parar, clicamos o mouse, e a máquina confirma nosso sentimento de controle. ... Ser amigo de uma pessoa é apenas incluí-la em nosso salão particular de espelhos lisonjeiros". Porém, acrescenta ele, "tentar ser perfeitamente agradável é incompatível com uma relação de amor".

O amor é ou ameaça ser um antídoto contra o narcisismo. Ele também é o primeiro delator quando se trata de desmascarar a falsidade das pretensões sobre as quais tentamos empilhar nossa autoestima, ao mesmo tempo que laboriosamente evitamos testá-la no campo de ação. O que a versão esterilizada, envernizada e simulada do amor realmente oferece é uma estratégia de redução de perdas para proteger a autoestima contra os riscos pelos quais o artigo genuíno é mais que conhecido.

O "boom eletrônico", os fabulosos lucros gerados pelas vendas crescentes de bugigangas "amigáveis ao usuário" – maleáveis, dúcteis, sempre obedientes e sem jamais contrariar a vontade do mestre –, ostenta todas as marcas de outra "terra virgem" recentemente descoberta e posta sob exploração (e de uma receita para uma série infinita de descobertas de novas terras virgens). Os mercados de consumidores alcançaram mais uma conquista: outras áreas de preocupações, desejos, lutas e interesses humanos, até agora deixadas às iniciativas de gente comum, indústrias de fundo de quintal e cozinhas caseiras, e, dessa forma, desvantajosas do ponto de vista do mercado – viraram agora mercadoria e são comercializadas com sucesso. Atividades nessa área, como em tantas outras áreas de preocupações e atividades humanas, foram convertidas em escapes de compra e redirecionadas para os shopping centers. Permitam-me, porém, repetir: ao contrário de suas pretensões fraudulentas, a área mais recentemente aberta à exploração pelo mercado de consumo não é a do amor, mas a do narcisismo.

As mesmas mensagens vêm das telas e dos alto-falantes em imensa e inabalável profusão, dia após dia. Às vezes as mensagens são ousadamente explícitas, outras, ocultas com inteligência. A cada vez, porém, sejam voltadas para as faculdades intelectuais, sejam para as emoções ou para os desejos subconscientes, elas prometem, sugerem e anunciam a felicidade (ou sensações aprazíveis, momentos de alegria, arrebatamento ou êxtase, uma reserva de felicidade para toda a vida, dividida e entregue pouco a pouco, em doses diárias ou horárias e em moeda de troca) embutida na aquisição, posse e desfrute dos bens da bem abastecida loja.

A mensagem não poderia ser mais clara: *o caminho para a felicidade passa pelas compras*. A soma total das atividades de compra da nação é a medida fundamental e menos falível da ventura da sociedade, e o tamanho da parcela que cabe a um indivíduo nessa soma total é a medida fundamental e menos falível da felicidade pessoal. Nas lojas, remédios confiáveis podem ser encontrados para tudo o que for aborrecido ou inconveniente, para todos os grandes e pequenos transtornos no caminho para um modo de ser aconchegante, confortável e sempre gratificante. O que quer que anunciem, exponham ou vendam de diferente, as lojas são farmácias para toda e qualquer aflição genuína ou imaginada da vida, as já sofridas e as que tememos encontrar adiante.

A mensagem é enviada indiscriminadamente para aqueles situados no alto e na base da pilha. Ela é pretensamente universal – válida para todas as ocasiões da vida e para todos os seres humanos. Na prática, contudo, a mensagem cinde a sociedade em consumidores *bona fide* de pleno direito (uma qualidade graduada, decerto) e uma categoria de consumidores fracassados; os incapazes por várias razões, mas em primeiro lugar e acima de tudo por falta de recursos adequados para satisfazer os padrões que a mensagem os induz e instiga a alcançar, martelando-a insistente e afirmativamente, e no final reciclando-a num mandamento obrigatório, sem perguntas e sem exceções permitidas.

O primeiro grupo está contente com seus esforços e tende a considerar seus bons resultados na tabela do consumidor uma recompensa justa e apropriada por suas vantagens natas ou duramente conquistadas na luta contra as dificuldades da busca da felicidade. O segundo grupo se sente humilhado, tendo sido relegado à categoria dos seres inferiores, situados na parte mais baixa da tabela do campeonato, encarando ou já sofrendo o banimento. Eles têm vergonha de seu parco desempenho e de suas causas plausíveis, pela falta ou insuficiência de talento, de engenho e persistência; qualquer dessas inadequações agora é reconstruída como infame, aviltante, degradante e desqualificadora, mesmo que elas sejam vistas (ou porque são vistas) como vícios evitáveis e sujeitos a reparo. As vítimas da competição são publicamente responsabilizadas pela desigualdade social. Mais importante, contudo: elas tendem a concordar com o veredicto público e culpam a si mesmas – à custa de sua autoestima e autoconfiança. Logo um insulto se acrescenta à injúria, e esfrega-se o sal da reprovação na ferida aberta da miséria.

A condenação da inferioridade social supostamente autoinfligida foi ampliada para abranger o mais leve murmúrio de objeção da parte do pobre coitado, isso para não mencionar sua eventual rebelião contra a injustiça da desigualdade como tal – bem como qualquer solidariedade ou comiseração com o pobre-diabo da parte do rico diabo. A dissidência com o estado das coisas e com o modo de vida responsável por sua continuação já não é mais vista como defesa justificável dos direitos humanos perdidos/roubados (embora ostensivamente inalienáveis) e que deviam ser respeitados, cujos princípios deveriam ser reconhecidos e que ofereceriam tratamento igual. Mas, para citar Nietzsche, é encarada como "mais perniciosa que qualquer vício, ... [como] compaixão por todos os malogrados e fracos",[15] e, por isso, como o "maior perigo", aquele que "sempre está por trás da indulgência e do sofrimento",[16] para eles e sua espécie.

Essas supostas crenças públicas servem como escudo altamente eficiente para proteger a desigualdade socialmente produzida contra qualquer tentativa séria, que exige apoio social amplo, de represar seu fluxo e talvez até de conter e reduzir sua propagação. Elas não podem, contudo, impedir o aumento e o acúmulo de raiva e rancor naqueles que são diariamente convidados para o espetáculo dos prêmios refulgentes supostamente oferecidos a todo consumidor corrente e pretenso (recompensas preconcebidas como equivalentes a uma vida de felicidade), em conjunção com a experiência de exclusão, dia após dia, e de ser banido do festim.

Vez por outra, as reservas de ódio acumulado explodem numa curta orgia de destruição (como ocorreu alguns anos atrás nos distúrbios de Tottenham, de consumidores fracassados/desqualificados) que expressa o desejo desesperado dos destituídos de entrar no paraíso do consumidor pelo menos por um momento fugidio, e não sua intenção de questionar e desafiar a doutrina fundamental da sociedade consumista: o axioma de que a busca da felicidade é igual a comprar, e de que a felicidade deve ser buscada e está à espera nas prateleiras das lojas.

Uma vez completada e coroada pela concordância das vítimas com o veredicto, a atribuição da culpa às vítimas da desigualdade efetivamente obsta a reciclagem da dissensão alimentada pela humilhação num programa em prol de um modo alternativo de vida satisfatório, baseado numa sociedade organizada de maneira diferente. A dissensão sofre a sina da maioria dos outros aspectos da convivência humana, ela tende, por assim dizer, a ser "desregulamentada" e "individualizada". Os sentimentos de injustiça que de outro modo poderiam desdobrar-se a serviço da maior igualdade são redirecionados para os postos mais avançados do consumismo, fragmentados numa miríade de mágoas ou queixas individuais, resistentes à agregação e à mistura – e em atos esporádicos de inveja e vingança voltados contra outros indivíduos ao alcance da vista e das mãos.

As eclosões dispersas de ira oferecem um alívio temporário para as emoções tóxicas que em geral são domesticadas e bloqueadas, e induzem um adiamento também curto – embora somente para tornar a rendição plácida e resignada às injustiças detestadas e odiadas da vida cotidiana um pouco mais fácil de suportar. Como advertiu Richard Rorty com discernimento há poucos anos: "Se os proletários puderem ser distraídos de sua própria desesperança por pseudo-ocorrências criadas pela mídia, ... os super-ricos pouco terão a temer."[17]

Todas as variedades de desigualdade social derivam da divisão entre os ricos e os pobres, como observou Miguel de Cervantes Saavedra há meio milênio. No entanto, em diferentes épocas, ter ou não ter *diferentes* objetos representa, respectivamente, o estado mais apaixonadamente desejado e o estado mais apaixonadamente ressentido. Há dois séculos na Europa, há apenas duas décadas em muitos lugares distantes da Europa, até hoje em um bocado de campos de batalha de guerras tribais ou playgrounds de salvadores da pátria locais, o objeto primário que põe ricos e pobres em conflito era ou continua a ser pão ou arroz (com suprimento sempre insuficiente).

A riqueza de poucos beneficia todos nós?

Graças a Deus, à ciência, à tecnologia e/ou a certas iniciativas políticas razoáveis, este já não é mais o caso, o que não significa, contudo, que a era da velha divisão esteja morta e enterrada. Ao contrário, os objetos de desejo cuja ausência hoje é mais ressentida são muitos e variados. Seu número, e a tentação de possuí-los, cresce a cada dia. Com isso crescem também a raiva, a humilhação, a inveja e o rancor provocados por não os possuir, bem como a ânsia de destruir o que não pode ser possuído. Saquear lojas e incendiá-las é um ato que deriva da mesma fonte e gratifica o mesmo desejo ardente.

Nós somos todos consumidores agora, consumidores em primeiro lugar e acima de tudo, consumidores por direito e por dever. No dia seguinte ao ultraje do 11 de Setembro, G.W. Bush, clamando para que os americanos superassem o trauma e voltassem ao normal, não encontrou prescrição melhor que dizer "Voltem a comprar". O nível de nossa atividade de compra e a tranquilidade com que jogamos fora um objeto de consumo para substituí-lo por um "novo e aperfeiçoado" é que serve de medida essencial do nosso status social e do nosso placar na competição para ter sucesso na vida. Para todas as dificuldades com que deparamos no caminho trilhado para nos afastar dos problemas e nos aproximar da satisfação, nós buscamos as soluções nas lojas.

Do berço ao túmulo, somos educados e treinados a tratar as lojas como farmácias repletas de remédios para curar ou pelo menos mitigar todas as doenças e aflições de nossas vidas particulares e de nossas vidas em comum. Lojas e compras adquirem, por conseguinte, uma dimensão escatológica. Os supermercados, como disse George Ritzer, são os nossos templos. Eu acrescentaria: as listas de compras são nossos breviários, enquanto os passeios pelos shoppings se tornaram nossas peregrinações. Comprar por impulso e se livrar de bens que já não são atraentes para botar outros mais vistosos em seu lugar são nossas emoções mais estimulantes. Completude de consumidor significa completude na vida. Eu compro, logo existo. Comprar ou não comprar já não é mais a questão.

Para consumidores fracassados, meras versões atualizadas dos pobres, não comprar é o estigma odioso e supurante de uma vida frustrada, uma marca de inexistência e inutilidade. Não apenas de ausência de prazer, mas de ausência de sentido na vida. Em última análise, de ausência de humanidade e de qualquer outra base para o amor-próprio e o respeito dos outros.

Para membros vitalícios da congregação, os supermercados podem ser templos de culto e o destino de peregrinações rituais. Para os anatematizados, os considerados culpados e por isso banidos da Igreja dos Consumidores, eles são postos avançados do inimigo, perigosamente situados na terra do exílio. Bastiões guardados com rigor barram o acesso a bens que protegem os outros de destino semelhante. Como G.W. Bush teria concordado, eles vedam o retorno (e, para os jovens que jamais lograram se sentar num banco de igreja, o acesso) à "normalidade".

Grades e anteparos de aço, câmeras de circuito fechado, seguranças uniformizados estão de guarda na entrada; outros, à paisana, encontram-se disfarçados no interior, só aumentando a atmosfera de campo de batalha e de hostilidade. Essas cidadelas armadas e estritamente vigiadas do inimigo "em nosso meio" servem como um lembrete cotidiano da degradação, inferioridade, miséria e humilhação dos nativos. Provocadoras em sua inacessibilidade altiva e arrogante, elas parecem gritar: "Eu desafio! Mas e você, o que ousa fazer?"

A resposta mais comum e mais insistentemente martelada à última pergunta é "Levar vantagem e ser superior aos outros", isto é, tentar sobrepujar e fazer mais pontos que seu vizinho de porta ou colega de trabalho no jogo da desigualdade de posições sociais. "Levar vantagem" pressupõe desigualdade. A desigualdade social é o hábitat e o campo de pastagem natural da arte de "levar vantagem" – ainda que ao mesmo tempo seu produto sumário. O jogo de levar vantagem implica e insinua que o caminho para reparar o dano perpetrado até aqui pela desigualdade é mais desigualdade. Sua atração repousa sobre a promessa de tornar a desigualdade dos jogadores, de banimento, em algo ativo; ou, antes, de tornar o banimento social conjuntamente sofrido da desigualdade num ativo individualmente desfrutado – pela medição de seu próprio sucesso segundo o fracasso do outro, a extensão de seu sucesso segundo o número de outros que ficaram para trás, e, feitas as contas, pela sua ascensão valorada segundo a extensão da desvalorização dos outros.

Há poucos meses, François Flahault publicou um estudo notável sobre a ideia de bem comum e as realidades que ela simboliza.[18] Já há muitos anos, agora, esse explorador e intérprete incansável das sutilezas manifestas e latentes das relações e trocas inter-humanas está engajado na luta contra o conceito "individualista e ultrautilitarista" de homem: a premissa explícita ou latente de boa parte das ciências sociais do Ocidente, segundo a qual *os indivíduos precedem a sociedade* e, consequentemente, que a sociedade – o fato de os seres humanos conviverem – deve ser explicada pelos atributos endêmicos dos indivíduos humanos. Flahault é um dos mais coerentes e obstinados fomentadores da visão oposta: a *sociedade precede os indivíduos*, e, por essa razão, o pensamento e as ações dos indivíduos, inclusive o próprio fato de eles agirem individualmente e, por assim dizer, "serem indivíduos", devem ser explicados como derivados do fato fundamental de eles viverem em sociedade. O livro de Flahault, dedicado ao "bem comum", tece metodicamente os fios trançados em sua pesquisa de toda vida; ele pode ser visto como o sumário e o coroamento do trabalho a que se dedicou até agora.

A mensagem essencial do novo estudo, cujo foco é a forma vigente da nossa sociedade radicalmente "individualizada", é que a ideia de direitos humanos em geral é utilizada para substituir e eliminar o conceito de "boa política" – considerando, para fins de realismo, que a noção só pode se fundar na ideia de bem *comum*. A combinação entre existência e coexistência humanas na vida social é o bem comum para todos nós, do qual e graças ao qual todos os bens culturais e sociais derivam. A busca da felicidade, por essa razão, deve se concentrar na promoção de experiências, instituições e outras *realidades culturais e naturais da vida em comum*, e não em índices de riqueza, os quais tendem a reconstruir a convivência humana como um lugar de competitividade, rivalidades e conflitos internos.

Em sua resenha do livro de Flahault,[19] Serge Audier comenta que o modelo de convivialidade de Serge Latouche e Patrick Viveret,[20] embora se aproxime da ideia defendida por Flahault como alternativa para o individualismo dos dias atuais, retrocede um longo caminho – apesar de a maior parte do tempo ter permanecido nas cercanias esparsas e raramente visitadas do debate público.

Já em *A fisiologia do gosto*, publicado em 1825, Brillat-Savarin insistia em que a *gourmandise*, as delícias da "comensalidade", a alegria de sentar-se um ao lado do outro em torno da mesa, os prazeres de compartilhar comida, bebidas, brincadeiras e hilaridade constituíam alguns dos vínculos essenciais da sociedade.

O significado corrente da ideia de convivialidade, como convivência emancipada e não mutilada pelas forças conjuntas da burocracia e da tecnologia, foi introduzida, elaborada e plenamente formulada nas obras de Ivan Illich. Filósofo de origem austríaca, padre católico romano e crítico social agudo, ele foi o autor de *Tools for Conviviality* (1973), protestando contra o que chamou de "guerra contra a subsistência" travada pela "elite profissional". Permitam-me acrescentar, entretanto, que as oportunidades comerciais ocultas nas atrações desse modelo de convivialidade foram desde então descobertas e avidamente adotadas por mercados de consumo; como tantos outros impulsos sociais e éticos, elas têm sido comercializadas e, em geral, caracterizadas com os logotipos de marcas. Elas também entraram para as estatísticas do PIB – sua parcela no dinheiro que troca de mãos aumenta de modo constante e, até agora, incessante.

Portanto, a questão – para a qual ainda não temos resposta convincente e empiricamente fundamentada – é se as alegrias da convivialidade são capazes de substituir a busca de riqueza, o gozo de bens consumíveis fornecidos pelo mercado e a prática de levar vantagem; tudo isso combinando-se na ideia de crescimento econômico infinito em seu papel de receita quase universalmente aceita de vida feliz. Trocando em miúdos, pode nosso desejo de desfrutar os prazeres da convivialidade, por mais "natural", "endêmico" e "espontâneo" que ele seja, ser buscado dentro do tipo de sociedade hoje predominante, contornando-se a mediação do mercado e sem cair, consequentemente, na armadilha do utilitarismo?

Hoje são feitas tentativas no sentido de obter exatamente isso. Um exemplo é o Slow Food, movimento internacional (agora chegando ao status de global) fundado na Itália por Carlo Petrine, em 1986. Proposto como alternativa ao fast-food, ele prega a preservação da cozinha tradicional e regional, o estímulo ao cultivo de plantas, sementes e à criação de animais característicos do ecossistema local.

O movimento se expandiu para todo o planeta, chegando a mais de 100 mil membros em 150 países. Seus objetivos de alimentação sustentável e promoção de pequenos negócios locais são trabalhados em paralelo a uma agenda política dirigida contra a globalização dos produtos agrícolas. Sua meta subjacente, e na verdade a ideia que o anima, é a ressurreição e redescoberta dos prazeres quase esquecidos da convivialidade, da convivência e da cooperação em busca de objetivos compartilhados como alternativa aos cruéis prazeres da procura de levar vantagem e da disputa intensamente competitiva.

Podemos ler na Wikipédia que 1.300 locais de *convivia* existem hoje: 360 deles na Itália – conhecidos como *condotte* – têm 35 mil membros. O movimento é descentralizado, cada *convivium* tem um líder, responsável pela promoção de artesãos, agricultores e sabores locais por meio de eventos regionais, como oficinas de degustação, degustação de vinhos e mercados de agricultores. Escritórios do Slow Food foram abertos na Suíça (1995), na Alemanha (1998), na cidade de Nova York (2000), na França (2003), no Japão (2005) e, mais recentemente, no Reino Unido e no Chile.

O movimento Slow Food (a propósito, seguido em 1999 pela iniciativa Cittaslow, semelhante em valores e intenções, que desde então se espalhou por catorze países) é um exemplo – ainda relativamente pequeno em escala e pouco mais que uma tentativa e um teste de campo incipiente – do que pode ser feito para tentar impedir o desastre social que pode suceder ao planeta nas garras de uma orgia consumista, ajudada e induzida pela conquista do desejo humano de felicidade pelo mercado de consumo; um desastre praticamente certo de acontecer conosco se nenhuma tentativa for feita para mitigar ou acabar com certas coisas, e se permitirmos que as coisas "continuem como sempre".

Se a última hipótese prevalecer, isso significaria decerto o "aprofundamento de assimetrias, desigualdades e injustiças, tanto entre gerações quanto entre países", como há pouco advertiu Herald Welzer em seu abrangente estudo sobre as consequências sociais da mudança climática em curso e em grande parte inevitável, engendrada em medida de não menos importância por nossa decisão coletiva de buscar a felicidade pelo consumo crescente.[21] A questão, contudo, é que "o mundo do capitalismo global" é ostensivamente inadequado para empreender e muito menos levar a bom termo "resoluções de longo prazo" do tipo que a prevenção da catástrofe exigiria. Qualquer coisa menos que repensar e revisar radicalmente o modo como vivemos e os valores que o guiam não bastará. Como escreve Welzer:

> O que é necessário, sobretudo em tempo de crise, é desenvolver visões ou pelo menos ideias que nunca foram pensadas antes. Elas podem todas parecer ingênuas, mas não é esse o caso. Além disso, o que seria mais ingênuo que imaginar que o trem portador da destruição em escala maciça vai mudar sua velocidade e seu curso se as pessoas dentro dele correrem na direção oposta? Como disse Albert Einstein, problemas não podem ser resolvidos com o modelo de pensamento que levou a eles. É necessário mudar o curso, e para isso o trem primeiro deve parar.

Welzer prossegue:

> Estratégias individuais contra a mudança climática têm uma função essencialmente sedativa. O nível da política internacional só oferece perspectivas de mudança num futuro distante; assim, sobra à ação cultural o *nível intermediário*, o nível da própria sociedade e a questão democrática de como as pessoas querem viver no futuro. ... O foco estaria nos cidadãos que não se *contentam com* renúncias – menos viagens de carro, mais viagens de bonde –, mas contribuem culturalmente para mudanças que eles consideram boas.

Bem, quando (se) chegar a hora do aperto, não digam que não foram avisados. Ainda melhor para vocês, para mim e para o restante de nós será impedir que o aperto se materialize enquanto detê-lo ainda está dentro da nossa capacidade humana conjunta.

A "naturalidade" da desigualdade social

Nós fomos educados e treinados a acreditar que o bem-estar da multidão é mais bem promovido zelando, lustrando, esmerando, apoiando e recompensando as capacidades da minoria. Capacidades, acreditamos nós, são por natureza desigualmente distribuídas; por isso, algumas pessoas estão predispostas a realizar o que outras jamais poderiam alcançar, por mais esforço que façam. Aqueles abençoados com habilidades são poucos e esparsos, ao passo que os que não têm nenhuma capacidade ou somente uma variedade inferior são muitos; na verdade, a maioria de nós, membros da espécie humana, pertence à última categoria. É por isso, dizem-nos com insistência, que a hierarquia das posições e privilégios sociais tem a aparência de uma pirâmide: quanto mais alto o nível atingido, mais estreito é o grupo de pessoas capaz de escalá-lo.

Apaziguadoras de pontadas na consciência e massageadoras do ego como são, tais crenças são agradáveis e bem-vindas para os que estão no alto da hierarquia. Contudo, como argumentos que reduzem a frustração e a autorrecriminação, essas crenças também são uma espécie de boa-nova para aqueles situados nos degraus inferiores da escada. Elas também dão uma advertência salutar a todos aqueles que não prestaram atenção à mensagem original e miraram mais alto que sua capacidade inata lhes permitiria alcançar ou realizar. No fim das contas, tal informação incita a nos reconciliarmos com a lúgubre e misteriosamente crescente desigualdade de pontos de chegada mitigando a dor da rendição e da resignação com o fracasso, ao mesmo tempo que amplia a vantagem contra a dissensão e a resistência.

Para resumir, elas ajudam a desigualdade social a persistir e a se aprofundar sem ceder. Como sugere Daniel Dorling,

> a desigualdade social no seio dos países ricos persiste por causa de uma crença continuada nos princípios de injustiça; pode ser chocante para as pessoas perceberem que talvez haja algo de errado com boa parte do tecido ideológico da sociedade na qual vivemos. Assim como aqueles cujas famílias outrora possuíram fazendas de escravos terão visto essa propriedade como algo natural na época da escravidão; e assim como o voto das mulheres foi outrora retratado como "contra a natureza" – o número desmedido de injustiças em nosso tempo é para muitos simplesmente parte da paisagem de normalidade.[22]

Em seu estudo fundamental sobre as reações populares à desigualdade, *Injustice: The Social Bases of Obedience and Revolt*, Barrington Moore Jr. sugeriu que, na oposição entre "justiça" e "injustiça", a segunda é que é a noção primária, a noção "não marcada", ao passo que sua oposta, a noção de "justiça", tende a ser definida com referência à outra.[23] Em qualquer cenário social particular, o padrão de justiça, por assim dizer, é evocado, insinuado ou mesmo ditado pela forma de injustiça, no momento percebida como ofensiva, dolorosa e enraivecedora – e, por isso, a que mais apaixonadamente se deseja superar e eliminar; em suma, a "justiça" é entendida como negação de um *caso específico* de "injustiça".

O autor também sugeriu que, por mais graves, opressivas e repelentes que possam ter sido determinadas condições humanas, não há certeza – à condição de que tenham sido experimentadas e sofridas por tempo bastante para se firmarem como "normais" ou "naturais" – de que um dia tenham sido representadas como injustas; sem nunca ter experimentado as condições mais favoráveis nas quais "pessoas como nós" vivemos, ou lembrando-se dessas condições cada vez mais vagamente, as pessoas nada tinham para comparar com sua condição corrente e, assim, não viram razão (nenhuma justificativa ou nenhuma chance realista) para rebelião. Não obstante, mais uma volta do parafuso foi uma exigência, por mais diminuta, acrescentada à longa lista de solicitações já confrontadas – em outras palavras, uma piora relativamente modesta das condições de vida –, instantaneamente classificada como um caso de injustiça, reclamando resistência ou ação contrária.

Camponeses medievais, por exemplo, em geral mostraram-se reconciliados com as desigualdades ostensivas entre as suas próprias condições de vida e aquelas de seus senhores e não contestaram os serviços e corveias plebeus rotineiramente exigidos, por mais penosos e fúteis que pudessem ser; porém, qualquer aumento na demanda dos senhores, mesmo que minúsculo, podia desencadear uma revolta camponesa em defesa dos "direitos costumeiros", o statu quo sob assalto. Em outro exemplo, trabalhadores sindicalizados em fábricas modernas entraram em greve em reação a um aumento de salário concedido a trabalhadores empregados em outra fábrica, do mesmo sindicato e com as mesmas qualificações, mas a eles negado; ou quando os salários de trabalhadores que eles consideravam estar abaixo na hierarquia das qualificações foram aumentados e nivelados com suas remunerações. Em ambos os casos, a "injustiça" que contestaram e contra a qual reagiram foi uma mudança desfavorável na hierarquia do status que eles passaram a considerar "normal" ou "natural", ou seja, um caso de privação *relativa*.

A percepção de "injustiça" reclamando resistência ativa derivava, portanto, de uma *comparação*: da situação presente de alguém em relação a condições passadas que teriam tido tempo bastante para consolidar-se como "normalidade", ou do status de alguém com um status "naturalmente igual" ou "naturalmente inferior". Para a maioria das pessoas da época, "injusto" significava um desvio adverso do "natural" (leia-se, habitual). O "natural" não era justo nem injusto, estava simplesmente "na ordem das coisas", era "como as coisas eram" e estavam fadadas a ser, ponto final. Resistir ao que se desviava do "natural" significava, em última análise, defender uma ordem familiar.

A riqueza de poucos beneficia todos nós?

Pelo menos assim foi no passado investigado por Barrington Moore Jr. e os pesquisadores do fenômeno da "privação relativa". Hoje já não é mais... Agora, nem "outros como nós" nem nossos próprios status ou padrões de vida passados são necessariamente pontos de referência "naturais" para fins de comparação. Todas as formas de vida, "alta" e "baixa", estão agora em exibição pública e por isso à vista de todos – e muito ostensiva e tentadoramente, embora de forma enganadora, ao alcance de todos; ou pelo menos "à venda" para todos. Qualquer forma de vida, não importa quão distante no espaço ou no tempo nem quão exótica, pode em princípio ser escolhida como ponto de referência para fins de comparação com a sua própria e como medida para a sua avaliação. E por mais forte razão, em função do hábito dos documentários, docudramas, colunas de fofoca e comerciais não discriminarem endereços e enviarem mensagens ao espaço aberto para encontrar suas próprias pistas de pouso assim como seus próprios alvos de recepção, hábito compartilhado na prática, se não sempre em teoria, pela ideia de direitos humanos que se recusa resolutamente a reconhecer, menos ainda a aceitar e endossar, as diferenças de status entre seus supostos ou pretensos portadores. Por conseguinte, reconhecer e localizar desigualdades "injustas" passou a ser, para todos os fins e propósitos práticos, "desregulamentado" e em grande medida "individualizado", no sentido de ser deixado à avaliação subjetiva.

Julgamentos feitos individualmente às vezes se sobrepõem e se aglutinam, mas como resultado de disputa e negociação de escolhas individuais, e não de um ponto de vista determinado por classe ou categoria. A extensão da anuência e a composição social do campo concorde são apresentadas como pesquisas de opinião, as quais presumem (correta ou falsamente) a autonomia dos questionados e a independência de suas escolhas. Fica-se tentado a concluir que as estatísticas publicadas por pesquisadores são as principais, talvez as únicas, ocasiões para que opiniões difundidas e dispersas se cristalizem em "fatos sociais", no sentido durkheimiano.

Tome, por exemplo, os pesquisadores que verificam, após a publicação dos resultados da pesquisa anual da British High Pay Commission, que quatro entre cinco pessoas do público entrevistado acreditavam que o salário e os bônus dos altos executivos estavam fora de controle, enquanto ⅔ não confiavam na capacidade das empresas de estabelecer salários e bônus de maneira responsável. Essas duas maiorias estatísticas obviamente consideravam excessivos, injustos e certamente "não naturais" os salários e os bônus dos altos executivos. Contudo, ao mesmo tempo, eles parecem endossar a "naturalidade" dessa anomalia.

Nenhuma das maiorias estatisticamente compostas mostrou qualquer sinal de unificar-se em qualquer outro sentido além do estatístico em sua oposição aos excessos não naturais de desigualdade; muito embora a ideia de que o aumento do salário médio dos altos executivos britânicos em mais de 4.000% nos últimos trinta anos se deva a crescimento semelhante em número e em habilidade dos "talentos naturais" domesticamente produzidos decerto afronte até a crença dos mais crédulos entre nós.

Já vimos que, ao longo de muitos séculos, a crença na desigualdade natural de talentos, capacidades e faculdades individuais da humanidade permaneceu um dos fatores mais poderosos a contribuir para a plácida aceitação da desigualdade social existente. Ao mesmo tempo, contudo, essa crença forneceu um freio moderadamente efetivo para conter sua extensão, oferecendo uma marca de referência contra a qual reconhecer e medir dimensões "não naturais" (leia-se, excessivas) e consequentemente injustas de desigualdade, reclamando reparo.

Às vezes, no apogeu do Estado ("de bem-estar") social, ela chegou mesmo a ser capaz de incitar alguma mitigação da distância entre o topo e a base da hierarquia social. Já a desigualdade social de hoje, ao que parece, encontra meios de se autoperpetuar sem recorrer à sua pretensa "naturalidade". Ela dá impressão de ter ganhado, em vez de perdido, em termos de resultado. É verdade, ela precisa buscar outros argumentos aos quais confiar a defesa de sua legitimidade. Em troca, porém, tendo renunciado ao argumento da "naturalidade" em sua defesa, ela se livrou de seu companheiro inalienável, a acusação de "não naturalidade" contra seus excessos – ou pelo menos adquiriu a capacidade de minimizar e naturalizar seus efeitos. Além de uma capacidade de autoperpetuação, ela ganhou a capacidade de se propagar e intensificar a si mesma. Agora, o céu é o limite para seu crescimento.

A rivalidade como chave para a justiça

Um dos fundadores e mais distintos autores da escola pragmática em filosofia, Charles S. Peirce, definiu "coisa" como tudo aquilo de que podemos falar a respeito. Em outras palavras, somos nós os seres humanos, os *sujeitos*, os seres sensoriais e pensantes, que – armados como estamos de consciência e autoconsciência – criamos "coisas", ao torná-las objetos de nosso pensamento e conversação.

Dizendo isso, Peirce seguiu o caminho marcado por um reconhecido pioneiro da filosofia moderna, René Descartes. Em busca de uma prova última e inquestionável da existência (isto é, não se deixar levar por algum diabrete malévolo e esperto a acreditar na existência de algo que de fato nada mais era que mera invenção da imaginação),

Descartes acatou o próprio *ato de pesquisa* – incitado, por assim dizer, por ter uma dúvida e pensar em como livrar-se dela – como toda prova de que se necessita para se ter certeza de existir. Como não pode haver dúvida sem um ser que duvide, nem um pensamento sem um ser pensante, a experiência de duvidar e pensar constitui, na verdade, toda prova, necessária e suficiente, de que se precisa para assegurar-se de sua própria existência. É por duvidar e pensar que nós, seres humanos, nos separamos do resto não pensante da criação.

Em uma palavra, para Descartes, nós – seres *pensantes* – somos *sujeitos*. Os demais seres são *coisas* – objetos do nosso pensamento. Há, portanto, uma diferença essencial e um fosso intransponível entre sujeito e objeto, entre o "ego" que pensa e a "coisa" pensada ou concebida pelo ego. O primeiro é o lado ativo, criativo, na relação, ao passo que o segundo é condenado a permanecer no lado receptor das ações do sujeito.

Equipado de consciência, o sujeito "significa", "tenciona" (tem "motivos") e tem "vontade" de agir sobre esses motivos. Os objetos, ao contrário, carecem de tudo isso. Em total oposição aos sujeitos, os objetos – "coisas" – são inanimados, inativos, aquiescentes, apáticos, complacentes, dóceis, sofrem e suportam. São firmemente concebidos no lado receptor da ação. "Sujeito" é aquela ou aquele que age;

"objeto" é o que sofre a ação. Immanuel Kant deslocaria o lado "ativo" da relação sujeito-objeto para o lado do sujeito. As coisas são objeto do escrutínio e da manipulação do sujeito – e é ao sujeito que elas devem seu significado e seu status. Bertrand Russell os chamaria de "fatos" (coisas "feitas", do latim *facere*).

De fato, as coisas são "feitas"; ou (mais precisamente) são projetadas e moldadas, produzidas, modeladas, recebem forma, definição, têm sua identidade atribuída e absolutamente todas são investidas de significado pela mente humana, uma entidade ou força a elas *externa*. Como são desprovidas de consciência e, por conseguinte, da capacidade de *significar*, seu *significado* é determinado por "sujeitos", os seres pensantes-pretendentes-agentes. Sujeitos são livres para determinar o significado das coisas – e de fato eles o determinam em termos de sua relevância ou irrelevância, utilidade ou inutilidade, significância ou insignificância, propriedade ou incongruência e, em última análise, sua propriedade ou inadequação em relação aos fins e propósitos dos "sujeitos".

Para encurtar a longa história, o fosso entre sujeito e objeto, o *humano pensante* e a *coisa*, é, em qualquer sentido prático, intransponível. A ideia de "intransponibilidade", de uma oposição irreparável de status e de assimetria incurável de sua relação, é um reflexo da experiência comum da "potência-em-ação", isto é, de superioridade e subordinação, comando e obediência, liberdade para agir e o ato e a necessidade de submissão. A descrição da relação sujeito-objeto é surpreendentemente semelhante àquela do "poder", "controle" ou "domínio": as maneiras como coisas são definidas, classificadas, avaliadas e tratadas são determinadas pelo que quer que os sujeitos possam considerar ser sua própria necessidade – e moduladas segundo a conveniência do sujeito.

Fica-se inclinado a acreditar que *coisas*, naturalmente passivas, entorpecidas e mudas, aqui estão (o que quer que "aqui" possa ser) para servir aos *sujeitos* endemicamente ativos, perceptivos e críticos; coisas são "coisas" até onde for esse o caso. A existência de "coisas" não se deve a suas qualidades "materiais" intrínsecas, mas é função da relação na qual elas são moldadas para os *sujeitos*. São os sujeitos que fazem o molde; são os sujeitos que modelam seus objetos em status de "coisas" – e os mantêm nesse status, obstruindo as fugas. Essa moldagem em status de coisas é efetuada pela negação do direito e da capacidade de discriminação e escolha do objeto – da negação do direito e da capacidade de exprimir preferências e reclamar seu reconhecimento; ou despojando-as deste direito e/ou capacidade.

Seria de esperar que decorresse de nossas considerações que a questão do modo como entidades são divididas em sujeitos e objetos é potencialmente contencioso, por motivo de sua unilateralidade; em alguns casos, isso também pode vir a ser contestado de forma exaltada. Em caso de contestação, o assunto quase nunca é resolvido de maneira definitiva. Algumas vezes, representações da divisão sujeito-objeto não passam de instantâneos da realidade, registrando um estágio corrente e em princípio eminentemente transitório da luta de poder em curso. Em cada momento dessa luta, a divisão sujeito-objeto constitui apenas um acordo temporário, um convite a lutas adicionais ou renegociações do statu quo, e não um fim definitivo para o conflito.

O caso mais preeminente e conspícuo, e também o mais cheio de consequências para nosso modo humano de estar em meio a situações dominadas por conflitos, é transplantar o modelo da relação sujeito-objeto, derivado da experiência de lidar com objetos inanimados, para as relações *entre* seres humanos ou categorias de seres humanos (como na classificação de Aristóteles dos escravos como "instrumentos falantes"); e, consequentemente, tender a tratar os seres humanos segundo o modelo elaborado e reservado para as "coisas", isto é, para entidades que, segundo se supõe a priori, não dispõem de consciência, motivos nem vontade, as quais, por isso, nem demandam nem possuem empatia ou comparação.

Essa tendência rumo à transferência mal-orientada e ilegítima de modelo, que desafia a lógica e a moralidade, tornou-se entretanto difundida em nossa fluida sociedade de consumo moderna individualizada, e segue dando todos os sinais de estar acumulando força.

Grande parte, provavelmente a maior parte, da responsabilidade por esse curso da situação é do avanço espetacular da cultura consumista, a qual postula a totalidade do mundo habitado como um imenso contêiner repleto até a borda de nada mais que objetos de consumo potencial, justificando e propondo por meio disso a percepção, a estimativa de qualidade e a avaliação de todas e quaisquer entidades terrenas por critérios estabelecidos nas práticas dos mercados consumidores. Esses critérios estabelecem relações inflexivelmente assimétricas entre clientes e mercadorias, consumidores e bens de consumo: os primeiros esperando dos segundos apenas a satisfação de suas necessidades, seus desejos e carências, os segundos extraindo seu único significado e valor do grau ao qual eles satisfazem a expectativa.

Os consumidores têm liberdade para separar os objetos desejáveis dos indesejáveis, indiferentes, insignificantes ou irrelevantes – assim como estão livres para determinar até que ponto os objetos considerados desejáveis, ou de uma maneira ou de outra "relevantes" para as próprias necessidades e intenções do consumidor, satisfazem suas expectativas, e por quanto tempo esses objetos mantêm sua suposta desejabilidade e/ou relevância intactas.

As "coisas" destinadas ao consumo conservam sua utilidade para os consumidores – sua única e exclusiva *raison d'être* – enquanto sua capacidade estimada de dar prazer permanecer contínua, nenhum momento a mais. Não se jura lealdade às mercadorias – as "coisas" –, elas compram-se em lojas; não se promete (e muito menos se assume uma obrigação de) permitir-lhes atravancar o espaço vital um minuto depois de os prazeres e confortos que elas oferecem terem se exaurido. Proporcionar os prazeres e confortos prometidos é o único uso das mercadorias compradas. Uma vez que prazeres ou confortos deixem de ser oferecidos e supridos, ou uma vez que a chance de obter mais satisfação ou melhor qualidade seja reconhecida em outra parte por seu proprietário/usuário, elas podem ser, devem ser e geralmente são jogadas fora e substituídas.

Esse modelo de relação cliente-mercadoria ou usuário-utilidade é transplantado para as interações "homem a homem", inculcado à força em todos nós, consumidores numa sociedade de consumo, desde a tenra infância e através de toda a nossa vida. Esse treinamento é o maior responsável pela debilidade corrente dos vínculos humanos e pela fluidez das associações e parcerias humanas – enquanto a fragilidade e revogabilidade dos laços humanos, por sua vez, são uma fonte prolífica e permanente do medo de exclusão, abandono e solidão que assombra tantos de nós hoje, causando tanta ansiedade espiritual e infelicidade.

E não é de admirar: o modelo incuravelmente assimétrico da relação sujeito-objeto, uma vez assumido e reciclado pelo mercado de consumo na similitude do padrão cliente-mercadoria, mostra-se singularmente inadequado para guiar e servir uma convivência e uma interação humanas nas quais todos desempenhem, simultânea ou intermitentemente, os papéis de sujeito e de objeto. À diferença do modelo cliente-mercadoria, a relação homem-homem é simétrica; ambos os lados da relação são "sujeitos" e "objetos" ao mesmo tempo, e os dois aspectos que assumem não podem ser separados um do outro.

Ambos são agentes motivados, fontes de iniciativas e criadores de significados – a definição da cena tem de ser bilateral, pois eles são coautores do roteiro no curso da interação da qual ambos participam ativamente, fazedores e recebedores ao mesmo tempo. A não ser que os dois lados da interação concordem em desempenhar tanto o papel de sujeito quanto o de objeto, e que assumam os riscos que decerto daí virão, um relacionamento humano verdadeiro e pleno (isto é, uma relação que pede encontro genuíno e precede a cooperação sujeito e objeto) é inconcebível.

Os riscos existem e continuarão a existir, irremovíveis e causando tensão perpétua, por causa da possibilidade sempre presente de um choque entre as duas subjetividades; entre dois agentes autônomos e autoimpulsionados, encarando a situação compartilhada a partir de perspectivas separadas, perseguindo objetivos não coordenados de antemão e quase nunca plenamente alinhados. Os atritos, portanto, são inevitáveis, e os protagonistas não têm alternativa a não ser se preparar para as perspectivas de negociação pesadas e muitas vezes espinhosas e difíceis, para os compromissos incômodos e os sacrifícios árduos. Nenhum dos protagonistas pode reivindicar soberania indivisível sobre a situação e pleno comando de seu desenvolvimento, nem esperar seriamente conquistá-los.

Esses riscos são o preço vinculado e inseparável dos prazeres exclusivos e salutares que uma *convivência humana amigável e cooperativa* tem em estoque. O acordo para pagar o preço é o encanto mágico que abre os portões de sésamo repleto de tesouros. Mas não é de admirar que muita gente ache o preço alto demais, e pagá-lo, um fardo muito pesado. É para essas pessoas que a mensagem do mercado de consumo é dirigida, prometendo despojar as relações humanas dos desconfortos e inconveniências com os quais elas estão associadas (na prática, reformá-las segundo o padrão da relação cliente-mercadoria). Essas promessas são a razão pela qual tantos de nós consideramos a proposta tentadora e a abraçamos com sinceridade, caminhando de bom grado para a armadilha, embora felizmente inconscientes das perdas que a troca prognostica.

As perdas são enormes e pagas em moeda de nervos em frangalhos e medos sombrios, vagos e difusos, que fluem livremente – como viver dentro da armadilha significa ficar permanentemente alerta: farejando a possibilidade, a probabilidade mesmo, de intenções malévolas e de complôs clandestinos em qualquer estranho, passante, vizinho ou colega de trabalho. Para aqueles que caíram na armadilha, o mundo se apresenta saturado de desconfiança e repleto de suspeitas. Cada um de seus residentes, ou quase, é culpado até prova em contrário, ao mesmo tempo que toda absolvição é apenas temporária, até segunda ordem, sempre suscetível a apelos ou revogações instantâneas.

Qualquer coalizão que se faça com outros homens tende a ser ad hoc e vem com uma cláusula de anulação a qualquer tempo. O compromisso, isso para não falar de compromisso a longo prazo, tende a ser imprudente. A não permanência e a flexibilidade de associação (fadadas a fazer todos os vínculos inter-humanos parecerem inconfortavelmente frágeis e contudo mais fissíparos) são recomendadas com insistência e muito demandadas. Para sua segurança, as pessoas tendem a confiar mais nas câmeras de circuito fechado e em guardas armados à entrada que na boa vontade humana e na cordialidade.

    Feitas as contas, o mundo, depois de ter caído nessa armadilha, é inóspito para a confiança e a cooperação amigável. Esse mundo desvaloriza e denigre e confiança e a lealdade mútuas, a cooperação desinteressada e a amizade pela simples amizade. Por essa razão, ele fica cada vez mais frio, estrangeiro e não convidativo, como se houvesse hóspedes importunos no recinto cercado de outrem (mas recinto de quem?), à espera da ordem de despejo já enviada pelos correios ou na caixa de entrada do computador de alguém. Nós nos sentimos cercados por *rivais*, competidores no jogo sem fim de levar vantagem, um jogo no qual ficar de mãos dadas é quase indistinguível de estar algemado e, com lamentável frequência, confundido com prisão. Repudiar essa transformação mencionando a antiguidade do adágio *homo homini lupus est* ("o homem é o lobo dos homens") é um insulto aos lobos.

· 4 ·

Palavras contra ações: uma reflexão adicional

A difícil situação descrita é a consequência última de termos colocado competição e rivalidade – o modo de ser derivado da crença no enriquecimento ganancioso de poucos como via régia para o bem-estar de todos – no lugar do desejo humano, muito humano, de coabitação assentada em cooperação amigável, mutualidade, compartilhamento, confiança, reconhecimento e respeito recíprocos.

No entanto, não há nenhum benefício na cobiça. Nenhum benefício para ninguém e nenhum benefício na ganância de ninguém. Isso já devia ser sabido, compreendido e aceito pela maioria de nós, praticantes da arte da vida em nosso mundo desregulamentado, obcecado por crescimento, consumo, competição e em "cada um por si". E o é – e por muitos. Pergunte às pessoas sobre valores que lhes sejam caros, e é possível que muitas, provavelmente a maioria delas, mencionem igualdade, respeito mútuo, solidariedade e amizade entre os mais importantes. Contudo, examine mais de perto o comportamento cotidiano delas, sua estratégia de vida em ação, e dá para apostar que deduzirão do que viram uma tabela de valores de um campeonato inteiramente diferente. Vocês se surpreenderão ao descobrir o tamanho do fosso entre ideais e realidades, palavras e ações.

A maioria de nós, contudo, não é hipócrita – certamente não por escolha, não se pudermos evitá-lo. Pouquíssimas pessoas, se é que alguém, escolheriam viver a vida na mentira. A autenticidade também é um valor caro à maioria dos corações humanos, e a maior parte de nós preferiria viver num mundo no qual a necessidade, sem falar na exigência de mentir, não se impusesse com tanta frequência; melhor ainda, nunca. Assim, de onde vem o fosso entre palavras e ações? É correto concluir que palavras tenham poucas chances quando confrontadas com a realidade? Ou, mais precisamente, pode o fosso entre palavras e ações ser superado. Se for possível fazê-lo, como construir a ponte? A partir de que tipo de matéria-prima?

Nós ansiamos por uma resposta para essa indagação, pois se nossos valores e também as palavras que usamos para comunicá-los não são páreo para o poder do que chamamos "realidade" e, portanto, não estão à altura da tarefa, eu pergunto: por que, irmão? Bem, não é à toa que usamos o nome "realidade" para denotar "coisas" poderosas e obstinadas demais para fazê-las sumir pela força dos nossos desejos ou nos livrarmos delas com argumentos.

Em 1975-76, Elias Canetti reuniu certo número de ensaios escritos ao longo de 26 anos numa coletânea intitulada *A consciência das palavras*. Segundo ele próprio, sua intenção era evocar, reagrupar e repensar os poucos (e sempre menos) "modelos espirituais" restantes dentre aqueles compostos e praticados nos tempos passados ("antes de entrarmos numa das mais sombrias eras da história humana, cuja iminência eles não conseguiram observar") que ainda – num "século monstruoso" em que os "inimigos da humanidade" chegaram sinistramente perto da destruição da Terra, seu objetivo último – retinham algo de sua utilidade (leia-se, seu potencial para inspirar *e* sua capacidade de orientar a ação).

O livro conclui com o discurso de Canetti em Munique, em janeiro de 1976, sobre a profissão de escritor. Nele, Canetti confronta uma questão: saber se, na situação presente do mundo, havia "algo em que escritores e pessoas até aqui tidas por escritores pudessem ter alguma utilidade". Como ponto de partida, a pergunta toma uma afirmação feita por um autor desconhecido em 23 de agosto de 1939: "Acabou. Se eu fosse um verdadeiro escritor, deveria ter sido capaz de evitar a guerra", declaração notável, do ponto de vista de Canetti, e por duas razões.

A primeira: ela começa reconhecendo a desesperança da situação; impedir a guerra já não é mais uma das cartas – afinal, "acabou", não há mais nenhuma chance nem esperança de deter a catástrofe iminente em andamento, nós chegamos ao limite de nossa capacidade de agir; embora isso não seja razão para supor que a situação aterradora não pudesse ter sido evitada em algum ponto, os modos como evitar nunca existiram e jamais poderiam ter sido encontrados ou escolhidos. Derrota não significa que a chance de vitória sobre a catástrofe iminente nunca esteve presente, só quer dizer que ela foi abortada por ignorância e/ou negligência. A derrota não desqualifica necessariamente a potência de um "modelo espiritual" (nesse caso, o modelo do "verdadeiro escritor"), mas apenas o vigor e a intensidade da dedicação daqueles que reivindicavam segui-lo foram desqualificados.

A segunda: o autor da declaração não assinada insiste em que uma verdade emergiu ilesa da derrota: o escritor ou escritora é "verdadeiro ou verdadeira" à medida que – tanto quanto e não mais – suas palavras fazem uma diferença entre bem-estar e catástrofe. Em sua essência, só se é escritor ou escritora quando se cumpre sua *responsabilidade* de escritor ou escritora. O que torna um escritor "verdadeiro" é o *impacto das palavras na realidade*. Na interpretação de Canetti, o "desejo de assumir responsabilidade por tudo quanto possa ser expresso em palavras, e de penitenciar-se por seu fracasso, pelo fracasso das palavras".

Pondo essas duas razões juntas, Canetti pode afirmar seu direito de concluir que "hoje não há escritores, mas nós devemos desejar apaixonadamente que haja". Agir a partir desse desejo significa continuar tentando ser "verdadeiro", por mais desfavoráveis que sejam as perspectivas de sucesso. "Em um mundo que prontamente seria definido como o mais cego dos mundos, a presença de pessoas que ainda insistem na possibilidade de mudança adquire uma importância suprema."

Permitam-me acrescentar que atribuir a si mesmo responsabilidade pelo mundo é um ato ostensivamente irracional. A decisão de assumi-la, complementada pela responsabilidade por essa decisão e suas consequências, contudo, é a última chance de salvar a lógica do mundo da cegueira que ele sofre e das suas consequências homicidas e suicidas.

Dito, lido ou ponderado sobre tudo isso, não é possível descartar a premonição sempre sombria e angustiante de que o mundo pura e simplesmente não é favorável aos "escritores verdadeiros" descritos por Canetti. O mundo parece estar bem protegido não contra catástrofes, mas contra seus profetas – enquanto os residentes do mundo bem protegido, contanto que não lhes neguem bruscamente o direito de residência, estão bem protegidos contra o aumento do número (diminuto e pálido) de profetas dispersos, bradando em seus respectivos desertos.

Como sempre nos faz lembrar Arthur Koestler (em vão, dir-se-ia, em vão), a cegueira construída é hereditária. Às vésperas de outra catástrofe, "em 1933 e ao longo dos dois ou três anos seguintes, as únicas pessoas com uma compreensão profunda do que estava acontecendo no jovem III Reich eram uns poucos milhares de refugiados", distinção que os condenou ao "papel sempre impopular e estridentemente expresso de Cassandra".[1] Como o mesmo autor observou mais depois, em outubro de 1948, "Amós, Oseias e Jeremias foram muito bons propagandistas, mas não conseguiram abalar seu povo nem adverti-lo. Diz-se que o grito de Cassandra atravessou muralhas, contudo, a Guerra de Troia aconteceu".

Parece que precisamos de catástrofes para reconhecer e admitir (retrospectivamente, ai de nós, só retrospectivamente...) sua iminência. Um pensamento arrepiante, se é que nos ocorrerá. Podemos refutá-lo? Nunca saberemos, a não ser que tentemos reiteradamente e sempre com mais empenho.

· **Notas** ·

Introdução *(p.9-13)*

1. James B. Davies, Susanna Sandstrom, Anthony Shorrocks e Edward N. Wolff, "The world distribution of household wealth", Documento para Discussão n.2008/03, World Institute for Development Economics Research, Universidade das Nações Unidas, fev 2008.
2. Jeremy Warner, "Scourge of inequality is getting worse and worse", *Telegraph*, 3 mai 2011; disponível em: http://blogs.telegraph.co.uk/finance/jeremywarner/1ooo10097/scourge-of-inequality-is-getting-worse-and-worse/; acesso em jan 2013.

1. O quanto somos hoje desiguais? *(p.15-28)*

1. Stewart Lansey, *The Cost of Inequality*, Gibson Square Books, 2012, p.7.
2. Ibid., p.16.
3. Ver Davies et al., "The world distribution of household wealth".
4. Claudio Gallo, "Exit democracy, enter tele-oligarchy", entrevista com Danilo Zolo, *Asia Times*; disponível em: www.atimes.com/atimes/Global_Economy/NI26Dj01.html; acesso em jan 2013.
5. Ver Glen Firebaugh, *The New Geography of Global Income Inequality*, Harvard University Press, 2003.

6. Ver François Bourguignon, *La mondialisation de l'inégalité*, Seuil, 2012.
7. Ver Monique Atlan e Roger-Pol Droit, *Humain: une enquête philosophique sur ces révolutions qui changent nos vies*, Flammarion, 2012, p.384.
8. Apud "Explorations in social inequality"; disponível em: http://www.trinity.edu/mkearl/strat.html; acesso em jan 2013.
9. Idem.
10. Joseph E. Stiglitz, *The Price of Inequality: The Avoidable Causes and Invisible Costs of Inequality*, Norton, 2012.
11. Daniel Dorling, *Injustice: Why Social Inequality Persists?*, Policy Press, 2011, p.132.
12. Ibid., p.141.
13. Stewart Lansley, "Inequality: the real cause of our economic woes", 2 ago 2012; disponível em: http://www.socialenterpriselive.com/section/comment/policy/20120802/inequality-the-real-cause-our-economic-woes; acesso em jan 2013.
14. Richard Wilkinson e Kate Pickett, *The Spirit of Level: Why More Equal Societies Almost Always Do Better*, Allen Lane, 2009.
15. Bourguignon, *La mondialisation de l'inégalité*, p.72-4.

2. Por que toleramos a desigualdade? *(p.29-35)*

1. Dorling, *Injustice*, p.13.
2. Ibid., p.197.
3. Ibid., p.24.

3. Algumas grandes mentiras sobre as quais paira mentira ainda maior *(p.36-93)*

1. J.M. Coetzee, *Diary of a Bad Year*, Vintage, 2008 (ed. bras., *Diário de um ano ruim*, São Paulo, Companhia das Letras, 2008).
2. Ver Robert Heilbroner, *The Wordly Philosophers*, 7ª ed., Simon & Schuster, 2008.
3. John Stuart Mill, "Of the stationary State", in *Principles of Political Economy With Some of Their Applications to Social Philosophy*, J.W. Parker, 1848, livro 4, cap.6.

4. Ver Heilbroner, *The Wordly Philosophers*.
5. John Maynard Keynes, "Economic possibilities for our grandchildren", in *Essays in Persuasion*, Norton, 1963 [1930], p.358-73.
6. John Maynard Keynes, in First Annual Report of the Arts Council, 1945-46.
7. Robert Skidelsky e Edward Skidelsky, *How Much Is Enough? Money and the Good Life*, Other Press, 2012.
8. Como apresentado por LMD em 1º nov 2012; disponível em: http://lmd.lk/2012/11/01/economic-conundrumsl/; acesso em jan 2013.
9. Ver Julia Kollewe, "Meet the world's 10 richest billionaires", *Guardian*, 9 nov 2012.
10. Anja Weiss, "The future of global inequality", in Michael Heinlein, Cordula Kropp, Judith Neumer, Angelika Poferl e Regina Römhild (orgs.), *Futures of Modernity*, transcrição, 2012, p.145, 150.
11. "Executive compensation: how much is too much?", 11 abr 2008; disponível em: http://www.investopedia.com/articles/fundamental-analysis/08/executive-compensation.asp#ixzz2Gq2vs9ud; acesso em jan 2013.
12. Stephen Wright, "Outrage over 'absurd' golden handshake for ousted Yard boss Sir Ian Blair", *Mail Online*, 21 dez 2012; disponível em: http://www.dailymail.co.uk/news/article-1084452/Outrage-absurd-golden-handshake-ousted-Yard-boss-Sir-Ian-Blair.html#ixzz2Innx7xwd; acesso em jan 2013.
13. Lansley, *The Cost of Inequality*, p.141.
14. Ibid., p.149.
15. Friedrich Nietzsche, *The Antichrist*, Prometheus Books, 2000, p.4 (ed. bras., *O Anticristo*, São Paulo, Companhia das Letras, 2007).
16. Friedrich Nietzsche, *Thus Spoke Zarathustra*, Penguin Classics, 2003, p.204 (ed. bras., *Assim falou Zaratustra*, São Paulo, Companhia das Letras, 2011).
17. Ver Richard Rorty, *Achieving Our Country*, Harvard University Press, 1998, p.88.
18. François Flahault, *Où est passé le bien commun?*, Mille et Une Nuits, 2011.
19. *Le Monde*, 4 mar 2011.
20. Ver Alain Caillé, Marc Humbert, Serge Latouche e Patrick Viveret, *De la convivialité. Dialogues sur la société conviviale à venir*, La Découverte, 2011.

21. Ver Harald Welzer, *Climate Wars: What People Will Be Killed For in the 21st Century*, Polity, 2012, p.174s.
22. Dorling, *Injustice*, p.13.
23. Barrington Moore, Jr., *Injustice: The Social Bases of Obedience and Revolt*, Random House, 1978.

4. Palavras contra ações: uma reflexão adicional *(p.94-9)*

1. Ver Arthur Koestler, *The Invisible Writing* (1954), Vintage, 2005, p.230-5.

Este livro foi composto por Mari Taboada em
Avenir e Adobe Garamond Pro 12,5/18,5 e impresso
em papel offset 90g/m² e cartão triplex 250g/m²
por Paym Gráfica e Editora em abril de 2018.